Gerold Kober, Paul Schug

W0055225

Farbtechnik 2
Arbeitsheft

4. Auflage

Bestellnummer 36597

■ Bildungsverlag EINS
westermann

Die in diesem Werk aufgeführten Internetadressen sind auf dem Stand zum Zeitpunkt der Drucklegung. Die ständige Aktualität der Adressen kann vonseiten des Verlages nicht gewährleistet werden. Darüber hinaus übernimmt der Verlag keine Verantwortung für die Inhalte dieser Seiten.

service@bv-1.de
www.bildungsverlag1.de

Bildungsverlag EINS GmbH
Ettore-Bugatti-Straße 6-14, 51149 Köln

ISBN 978-3-427-**36597**-6

westermann GRUPPE

Inhaltsverzeichnis

Arbeitsblatt 1 – Beschichtungsstoffe 5

Arbeitsblatt 2 – Bestandteile eines Anstrichstoffes 6

Arbeitsblatt 3 – Einteilung der Bindemittel 7

Arbeitsblatt 4 – Eigenschaften der Bindemittel 8

Arbeitsblatt 5 – Wasserverdünnbare Bindemittel 9

Arbeitsblatt 6 – Dispersionen 10

Arbeitsblatt 7 – Lösemittelverdünnbare Bindemittel 11

Arbeitsblatt 8 – Harzhaltige Bindemittel 12

Arbeitsblatt 9 – Aufgaben der Löse- und Verdünnungsmittel 13

Arbeitsblatt 10 – Eigenschaften von Lösemitteln 14

Arbeitsblatt 11 – Gefahren und Kennzeichnung der Lösemittel 15

Arbeitsblatt 12 – Farbgebende Stoffe 16

Arbeitsblatt 13 – Eigenschaften und Verwendung von Pigmenten 17

Arbeitsblatt 14 – Eigenschaften von Pigmenten 18

Arbeitsblatt 15 – Eigenschaften von Pigmenten II 19

Arbeitsblatt 16 – Einteilung der wichtigsten Pigmente 20

Arbeitsblatt 17 – Kalkfarben 21

Arbeitsblatt 18 – Silikatfarben 22

Arbeitsblatt 19 – Herstellung und Trocknung von Dispersionsfarben 23

Arbeitsblatt 20 – Eigenschaften der Dispersionsfarben 24

Arbeitsblatt 21 – Kunststoffputze 25

Arbeitsblatt 22 – Eigenschaften von Dispersionslacken 26

Arbeitsblatt 23 – Siliconharzfarben 27

Arbeitsblatt 24 – Lacke 28

Arbeitsblatt 25 – Einteilung der Lacke 29

Arbeitsblatt 26 – Alkydharzlacke 30

Arbeitsblatt 27 – Eigenschaften der Alkydharzlacke 31

Arbeitsblatt 28 – Speziallacke 32

Arbeitsblatt 29 – Reaktionslacke 33

Arbeitsblatt 30 – Umweltfreundliche Lacke 34

Arbeitsblatt 31 – Anstrichaufbau 35

Arbeitsblatt 32 – Aufgaben und Verwendung von Grundanstrichstoffen 36

Arbeitsblatt 33 – Eigenschaften der Grundanstrichstoffe 37

Arbeitsblatt 34 – Spezialwerkstoffe 38

Arbeitsblatt 35 – Holzschutzmittel 39

Arbeitsblatt 36 – Holz(schutz)lasuren 40

Arbeitsblatt 37 – Brandschutzmittel 41

Arbeitsblatt 38 – Dichtstoffe 42

Arbeitsblatt 39 – Spachtelmassen 43

Arbeitsblatt 40 – Hilfsstoffe 44

Arbeitsblatt 41 – Tapetenkleister 45

Arbeitsblatt 42 – Aufbau und Aufgaben von Schleifmitteln 46

Arbeitsblatt 43 – Eigenschaften von Schleifmitteln 47

Arbeitsblatt 44 – Wandbekleidungen 48

Arbeitsblatt 45 – Tapeten 49

Arbeitsblatt 46 – Tapetenarten 50

Arbeitsblatt 47 – Tapetenkennzeichnung 51

Arbeitsblatt 48 – Prüfrichtlinien für Tapeten 52

Arbeitsblatt 49 – Untergründe 53

Arbeitsblatt 50 – Eigenschaften der Untergründe 54

Arbeitsblatt 51 – Mineralische Untergründe 55

Arbeitsblatt 52 – Putze und Mörtelgruppen 56

Arbeitsblatt 53 – Aufgaben der Putze 57

Arbeitsblatt 54 – Putzrisse und ihre Auswirkungen 58

Arbeitsblatt 55 – Mineralische Untergründe:
Beton 59

Arbeitsblatt 56 – Gipskartonplatten 60

Arbeitsblatt 57 – Wärmedämmung.............. 61

Arbeitsblatt 58 – Wärmedämmverbund-
systeme 62

Arbeitsblatt 59 – Metalluntergründe 63

Arbeitsblatt 60 – Korrosion.................... 64

Arbeitsblatt 61 – Korrosionsschutz 65

Arbeitsblatt 62 – Nichteisenmetalle 66

Arbeitsblatt 63 – Holzuntergründe 67

Arbeitsblatt 64 – Holzfeuchtigkeit.............. 68

Arbeitsblatt 65 – Holzvorbehandlung 69

Arbeitsblatt 66 – Beschichtungssysteme
auf Holz 70

Arbeitsblatt 67 – Kunststoffuntergründe 71

Arbeitsblatt 68 – Kunststoffarten............... 72

Arbeitsblatt 69 – Kunststoffbeschichtungen 73

Arbeitsblatt 70 – Kunststoffbeschichtungen II ... 74

Testaufgaben 75

Bildquellenverzeichnis......................... 98

Name	Datum	Klasse

Beschichtungsstoffe

Beschichtungsstoff ist der Oberbegriff für flüssige bis pastenförmige oder auch pulverförmige Stoffe.

1. In welche drei Gruppen lassen sich Beschichtungsstoffe unterteilen?

Beschichtungsstoffe

2. Erklären Sie den Begriff „**Anstrichstoff**".

_____

_____

Anstrichstoffe werden überwiegend nach ihrer Bindemittelart benannt.

3. Nennen Sie Beispiele zur **Einteilung der Anstrichstoffe**.

Anstrichstoff/Lack	Beispiele
wasserverdünnbar	
lösemittelverdünnbar	
Lage im Beschichtungssystem	
Anwendungsbereich oder Bauteil	
Eigenschaften	

4. Nennen Sie **Beispiele** für umweltschonende Anstrichstoffe (Werkstoffe).

Lösemittelfrei	Lösemittelarm
–	–
–	–
–	–
–	–

Name	Datum	Klasse

Bestandteile eines Anstrichstoffes   zu S. 15 und 16

1. Nennen Sie die vier **Hauptbestandteile eines Anstrichstoffes**.

| Anstrichstoff |
+   +   +

2. Ergänzen Sie folgenden Merksatz.

Jeder Anstrichstoff muss ein _____ **enthalten.**

3. Schreiben Sie die **Beispiele** und **Eigenschaften** der aufgeführten Anstrichstoffe in folgendes Schema.

Anstrichstoff	Beispiele	Eigenschaften
ohne Pigmente		
wenig Pigmente		
viele Pigmente		
wenig Bindemittel		
viel Bindemittel		
ohne Lösemittel		
wenig Lösemittel		

4. Aus welchen Bestandteilen setzt sich der **Festkörpergehalt** eines Anstrichstoffes zusammen?

_____

5. Schreiben Sie in die freie Spalte, welche **Eigenschaften** Anstrichstoffe durch die Zugabe der vier Bestandteile bekommen.

Bestandteile	Aufgaben	Eigenschaften
Bindemittel	– **verankern** den Anstrichstoff auf dem Untergrund (Adhäsion) – **verkleben** die Pigmente miteinander (Kohäsion)	
Lösemittel	– **lösen** das feste Bindemittel – **verdünnen** den Anstrichstoff	
Farbmittel (Pigmente)	– geben dem Anstrichstoff die **Farbe**, Deckkraft und Fülle – **erhöhen die Haltbarkeit** der Anstriche	
Zusatzstoffe (Additive)	– sollen bestimmte **Eigenschaften** der Anstrichstoffe **verbessern oder verhindern**	

Name	Datum	Klasse

Einteilung der Bindemittel   zu S. 18 und 20

Bindemittel

Das Bindemittel ist der wichtigste Bestandteil eines Anstrichstoffes: Es bestimmt hauptsächlich die Eigenschaften der Anstrichstoffe und Anstriche.

1. Nach welchen **Gesichtspunkten** können die Bindemittel eingeteilt werden?

    - _____
    - _____
    - _____
    - _____

2. Ergänzen Sie das Schema zur **Einteilung der Bindemittel**.

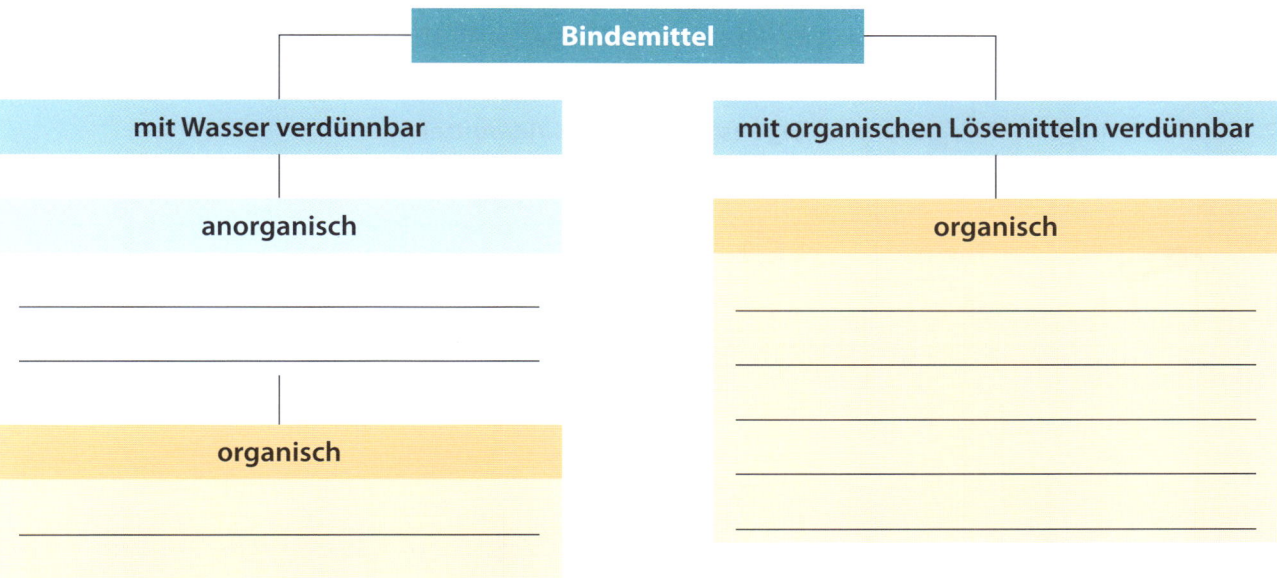

3. Beschreiben Sie die drei **Aufgaben der Bindemittel**.

Untergrundverankerung (Adhäsion = Haftung)	
Pigmentverklebung (Kohäsion = Bindung)	
Untergrundschutz durch Härte, Elastizität und Beständigkeit	

Name	Datum	Klasse

Eigenschaften der Bindemittel zu S. 18 und 19

1. Welche **Merkmale** hat ein bindemittelreicher bzw. -armer Anstrichstoff?

Bindemittelanteil	Merkmale
hoch = (bindemittelreich)	
gering = (bindemittelarm)	

> Eine ausreichende Einbettung des Pigments im Bindemittel ergibt einen glatten, schützenden Anstrichfilm.
> Eine mangelnde Einbettung des Pigments im Bindemittel ergibt einen porösen, zum Kreiden neigenden Anstrichfilm.

2. Beschreiben Sie die hier genannten **Eigenschaften der Bindemittel**.

Lösbarkeit	
Verdünnbarkeit	
Trockenfähigkeit	
Überstreichbarkeit	
Lichtbeständigkeit	
Wetterbeständigkeit	

Name	Datum	Klasse

Wasserverdünnbare Bindemittel zu S. 20 und 21

1. Warum werden immer mehr **wasserverdünnbare Bindemittel** angeboten?

_____

_____

2. Nennen Sie die **mineralischen Bindemittel** und beschreiben Sie deren **Eigenschaften** in Stichpunkten.

Name/Sorte	Eigenschaften	Verwendung
Kalk – Luftkalke – Hydraulische Kalke		**Bindemittel und Pigment** für atmungsaktive, wasser- und wetterbeständige Anstriche in Kellern, Waschküchen, Lagerhallen, Vorratsräumen und Viehställen sowie als Putzbindemittel
Zement graue und weiße Portlandzemente		als **Mörtelbindemittel** für Zementputze, als **Bindemittel und Pigmente** (weißer Zement) für weiße und helle Innen- und Außenanstriche
Wasserglas Kaliwasserglas = Kalisilikat		**Bindemittel** für wasser- und wetterbeständige Anstrichstoffe (Reinsilikatfarben und Dispersionssilikatfarben), auf mineralischen Untergründen auch als Bindemittel für Silikatputze

3. Nennen Sie wichtige **organische, wässrige** (wasserverdünnbare) **Bindemittel**.

_____

4. Aus welchen Rohstoffen werden **pflanzliche Leime** hergestellt?

_____

5. Beschreiben Sie die **Eigenschaften** und die **Verwendung** von Zelluloseleim.

Name/Sorte	Eigenschaften	Verwendung
Zelluloseleim (Zellulosekleister)		

Name	Datum	Klasse

Dispersionen zu S. 21 und 22

> Eine Dispersion ist ein stabiles Gemisch, bei dem ein Stoff in einem anderen fein verteilt (= dispergiert) ist.

1. Wie lassen sich **Kunststoffdispersionen** beschreiben?

_____

_____

_____

2. Ergänzen Sie das Schema über die **Einteilung von Dispersionen** und beschreiben Sie die Beispiele.

Dispersionen	
_____	_____
Mischung von zwei Flüssigkeiten	Fester Stoff in einer Flüssigkeit
zwei an sich unverträgliche Flüssigkeiten, wie z. B. Öl in Wasser	Kunststoffteilchen (Pulver) in einer wässrigen Lösung fein verteilt

Beispiele

_____	_____
_____	_____
_____	_____
_____	

3. Beschreiben Sie die **Trocknung von Kunststoffdispersionen**.

_____

_____

_____

4. Benennen Sie die verschiedenen **Dispersionsbindemittel** und beschreiben Sie ihre **Verwendung**.

Arten	Eigenschaften	Verwendung
_____ _____ _____ _____ _____	Verarbeitbar bis 5 °C, weil tiefe Temperaturen die Filmbildung verhindern. Trockene KD-Beschichtungen sind wasserunlöslich (irreversibel).	_____ _____ _____ _____ _____ _____

Name	Datum	Klasse

Lösemittelverdünnbare Bindemittel zu S. 23 und 24

Lösemittelverdünnbare Bindemittel sind organische Stoffe, die mit organischen Lösemitteln gelöst bzw. verdünnt werden.

1. Nennen Sie **Beispiele für lösemittelverdünnbare Bindemittel**.

Bindemittel	Beispiele
Öle	
Naturharze	
Kunstharze	
abgewandelte Naturprodukte	
Kunststoffe	
Bitumen	

Öle und Naturharze wurden als Bindemittel weitgehend von den künstlichen Bindemitteln (Kunstharzen) verdrängt.

2. Beschreiben Sie die **Eigenschaften und** die **Verwendung von Leinöl, Leinölfirnis und Leinöl-Standöl.**

Öle	Eigenschaften	Verwendung
Leinöl		
Leinöl-firnis	schnellere Trocknung	
Leinöl-Standöl		

Harzhaltige Bindemittel zu S. 24

> Als Lackbindemittel werden heute meist Kunstharze und auch abgewandelte, veredelte Naturprodukte verwendet.

1. Wie werden **Kunstharze** nach ihrer chemischen Herstellung unterteilt?

Kunstharze	Beispiele
_____	Polyvinylchlorid (PVC), Polyvinylacetat (PVAC)
_____	Alkydharz, Phenolharz, Harnstoff- und Melaminharz, Polyester
_____	Polyurethanharz, Epoxidharz

2. Wie gewinnt man **abgewandelte Naturprodukte**?

_____

_____

_____

_____

3. Beschreiben Sie die **Eigenschaften** und die **Verwendung der abgewandelten Naturprodukte**.

Abgewandelte Naturprodukte	Eigenschaften	Verwendung
Zellulose Nitrozellulose	– trocknen schnell – feuergefährlich – reversibel	_____ _____ _____ _____
Bitumen Asphalt, Teer, Pech	_____ _____ _____ _____	Bindemittel für Bitumen-, Teer- und Pechanstrichstoffe (Schwarzlacke), Testbenzin ist ein Löse- und Verdünnungsmittel
Kautschuk Chlorkautschuk	– gut chemikalien- und wasserbeständig – elastisch und sehr wetterbeständig	_____ _____ _____ _____

Name	Datum	Klasse

Aufgaben der Löse- und Verdünnungsmittel

zu S. 28 und 29

1. Was versteht man unter dem Begriff **„Lösemittel"**?

_____

2. Nennen Sie die **Aufgaben der Löse- bzw. Verdünnungsmittel**.

Lösemittel löst	
Verdünnungsmittel verdünnt	

Das Bindemittel bestimmt das geeignete Lösemittel.

3. Welche Auswirkungen haben folgende **Fehler beim Verdünnen**?

Fehler	Auswirkungen
zu starke Verdünnung	– – – – –
ungenügende Verdünnung	– – –
ungeeignetes Verdünnungsmittel	– –

4. Warum ist die **Nassschichtdicke** immer stärker als die **Trockenschichtdicke**?

_____

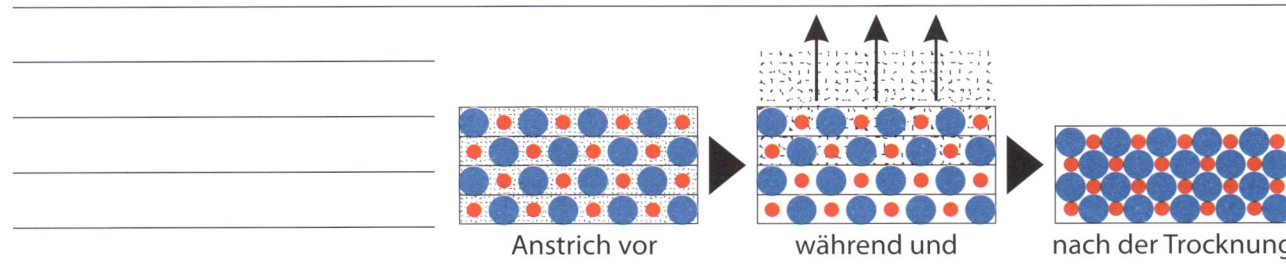

Anstrich vor   während und   nach der Trocknung

Name	Datum	Klasse

Eigenschaften von Lösemitteln   zu S. 30 und 31

> Wasser gehört nicht zu den organischen Lösemitteln und wird zum Verdünnen von wässrigen Beschichtungsstoffen verwendet.

1. Nennen Sie die positiven Eigenschaften des **Verdünnungsmittels „Wasser"**.

_____

_____

> Verdünnungsmittel sind häufig Lösemittelgemische, d. h. sie bestehen aus verschiedenen Lösemittelarten.

2. Für welche Beschichtungsstoffe sind folgende **Lösemittelgemische** geeignet?

Lösemittelgemische	Verdünnen von:
Kunstharzverdünnung Testbenzin, Aromate wie Xylol und Toluol u. a.	
Nitroverdünnung Estern, Aromate, Ketone und Alkohole	
Universalverdünnung besteht aus sehr vielen unterschiedlichen Lösemitteln	
Spezialverdünnungen Lösemittelgemische, die für ganz spezielle Anstrichstoffe verwendet werden	

3. Welche **Eigenschaften** sind für die Verarbeitung von Lösemitteln wichtig?

_____

4. Erklären Sie den Begriff **„Verdunstungsgeschwindigkeit"**.

_____

_____

5. Nennen Sie drei **Bereiche** und die **Auswirkungen**, nach denen die Lösemittel aufgrund ihrer Verdunstungszahl angegeben werden.

Lösemittelbereiche	Verdunstungszahl	Auswirkungen
	unter 10	
	10 bis 35	
	über 35	

                                    © Bildungsverlag EINS *westermann*

Name	Datum	Klasse

Gefahren und Kennzeichnung der Lösemittel

zu S. 31 und 32

1. Erklären Sie den Begriff „Flammpunkt".

_____

_____

2. Schreiben Sie den **Flammpunkt** und die Bezeichnung zu den **Gefahrenklassen**.

Gefahrenklasse	Flammpunkt	Bezeichnung nach GHS	Gefahrenpiktogramme nach GHS
A I	_____	_____	GHS 02
A II	_____	_____	keine
A III	_____	_____	keine
B	_____	_____	GHS 02

3. Zu welchen **Gesundheitsschäden** führt unvorsichtiger Umgang mit Löse- bzw. Verdünnungsmitteln?

_____

_____

_____

4. Welche fünf Angaben muss die **Kennzeichnung von Lösemitteln** enthalten?

- _____
- _____
- _____
- _____
- _____

Verdünnung

Entzündbare Stoffe   Gesundheits-gefahr

Enthält: Methanol, Toluol, Butanol

Hinweise auf besondere Gefahren:
Sehr giftig beim Verschlucken.
Gesundheitsschädlich beim Ein-
atmen, Verschlucken und bei
Berührung mit der Haut.
Reizt die Augen, Atmungsorgane
und die Haut.
Leicht entzündlich

(Name und Anschrift des Herstellers,
Einführers oder Vertreibers)

5. Was sagt der „MAK-Wert" aus?

_____

_____

_____

6. Wie gelangen schädliche Lösemittel in den menschlichen Körper?

_____

_____

Farbgebende Stoffe zu S. 36

1. Wie werden **Farbmittel nach DIN 55943** eingeteilt?

_____

2. Erklären Sie die Begriffe in der folgenden Tabelle:

Begriffe	Erklärungen
Pigmente	
Farbstoffe	
Füllstoffe (Exenter)	
Abtönfarben (Abtönpasten)	

3. Welche Pigmente erfüllen am besten die **Anforderungen** an einen Anstrichstoff in Bezug auf Füllvermögen und Deckkraft?

_____

4. Erklären Sie den Begriff „**Pigmente**".

_____

_____

_____

5. Beschreiben Sie die **Aufgaben der Pigmente**.

Name	Datum	Klasse

Eigenschaften und Verwendung von Pigmenten

zu S. 37 und 38

1. Wie lassen sich aus löslichen Farbstoffen unlösliche Pigmente (**Farblacke**) herstellen?

        +   =

2. **Ergänzen Sie die folgende Tabelle** über die Eigenschaften und die Verwendung von Pigmenten, Füllstoffen und Farbstoffen.

Pigmente	Füllstoffe	Farbstoffe
– _____ – _____ – _____ – _____	– unlöslich – wenig deckend – minderwertige, billige, meist weiße Pigmente	– _____ – _____ – _____ – _____
– in Lackfarben, Kalkfarben, Silikatfarben, Dispersionsfarben und Lasuren	– _____ _____ _____ _____ _____	– in Lasuren und Beizen – zum Färben von Textilien, Kunststoff, Papier, Leder u. a.

3. Beschreiben Sie den **Versuch mit Pigmenten und Farbstoffen** in Wasser, indem Sie das folgende Schema ergänzen.

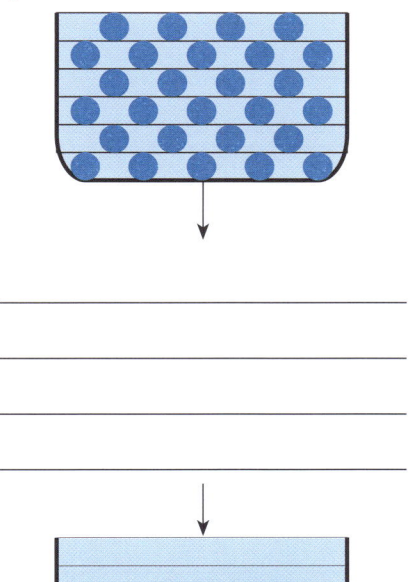

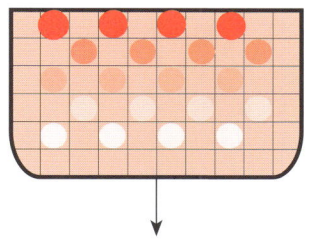

_____
_____
_____
_____

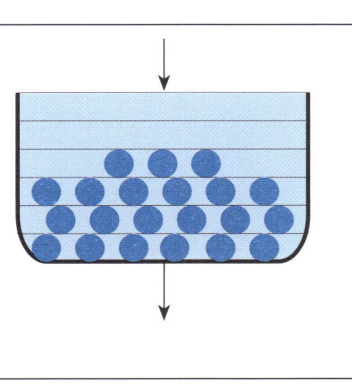

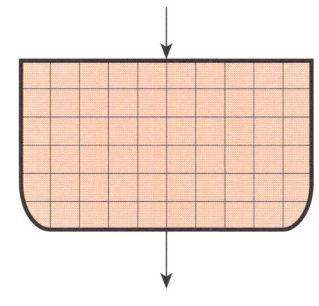

_____
= **Entmischung**
(Sedimentation)

_____
Lösung
= nicht entmischbar

Eigenschaften von Pigmenten   zu S. 38 und 39

1. Nennen Sie den **Pigmentanteil** zu den drei Anstricharten.

Deckender Anstrich	Lasierender Anstrich	Farbloser Anstrich
_____	_____	_____

2. Von welchen Faktoren ist das **Deckvermögen eines Anstrichstoffes** abhängig?

• _____

• _____

• _____

• _____

• _____

• _____

3. Ergänzen Sie folgenden Merksatz.

Das Deckvermögen eines Anstrichstoffes ist umso besser, je mehr sich die Lichtbrechungswerte von

_____ **unterscheiden.**

4. Beschreiben Sie anhand der Zeichnungen die **Eigenschaften der Pigmente**.

Name	Datum	Klasse

Eigenschaften von Pigmenten

zu S. 40 und 41

1. Was ist die **Pigment-Volumen-Konzentration** (PVK)?

_____

_____

2. Beschreiben Sie aktive und passive Pigmente.

Aktive Pigmente	
Passive Pigmente	

3. Nennen Sie fünf wichtige **aktive Pigmente**.

_____

_____

_____

4. Was ist die „**passivierende Wirkung von Rostschutzpigmenten**"?

_____

_____

5. Welche **Pigmente** eignen sich besonders gut für **Rostschutzdeckanstriche**?

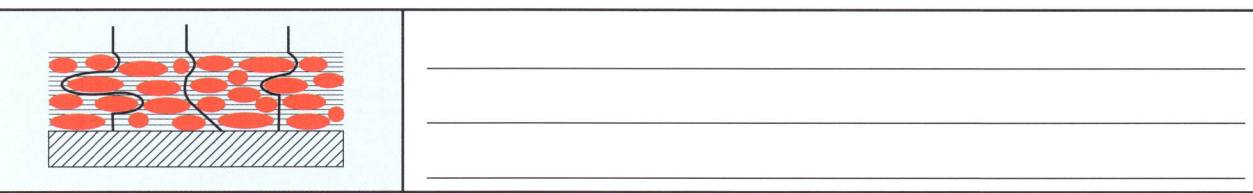

Anstelle von giftigen Blei- und Zinkpigmenten werden heute als umweltfreundlicher Ersatz Zinkphosphat und Zink-staubfarben verwendet.

6. Benennen Sie die **Vorteile** von **schuppenförmigen Pigmenten**.

_____

_____

Einteilung der wichtigsten Pigmente

zu S. 42 – 45

1. **Ergänzen** Sie das Schema.

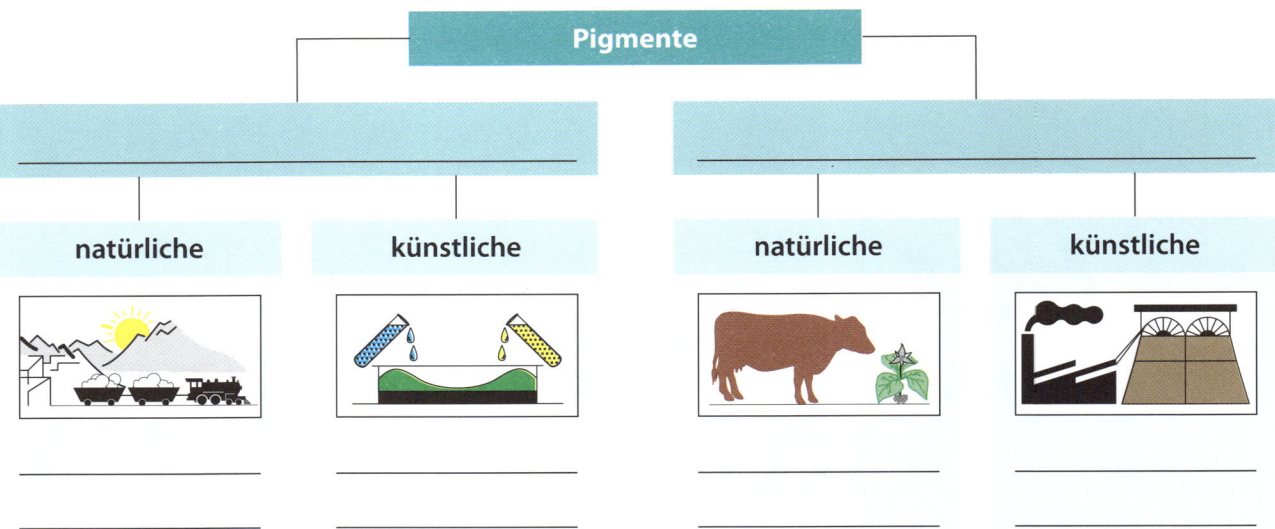

| | natürliche | künstliche | | natürliche | künstliche |

2. **Ordnen Sie** folgenden Pigmente den Gruppen in der Tabelle **zu**.

   Kreide, Titandioxid, Sepia, Kalkgelb, Lithopone, Umbra, Samtgrün, Krapplack, Terra di Siena, Eisenoxid-grün, Bleimennige, Kassler Braun, Signalrot, Zinnoberrot, Zinkstaub, Ruß

Erdpigmente	Mineralpigmente	Tier- und Pflanzen-pigmente	Teerpigmente

3. Erklären Sie den **Unterschied** zwischen Metallpigmenten und Metalleffektpigmenten.

_____

_____

4. Nennen Sie vier wichtige **Schutzmaßnahmen** beim Umgang mit giftigen Pigmenten.

   • _____

   • _____

   • _____

   • _____

Name	Datum	Klasse

Kalkfarben

zu S. 50 und 51

1. Die Abbildung zeigt den **Kreislauf des Kalkes**. Ergänzen Sie die Darstellung.

Aushärtung zum Kalkstein = _____

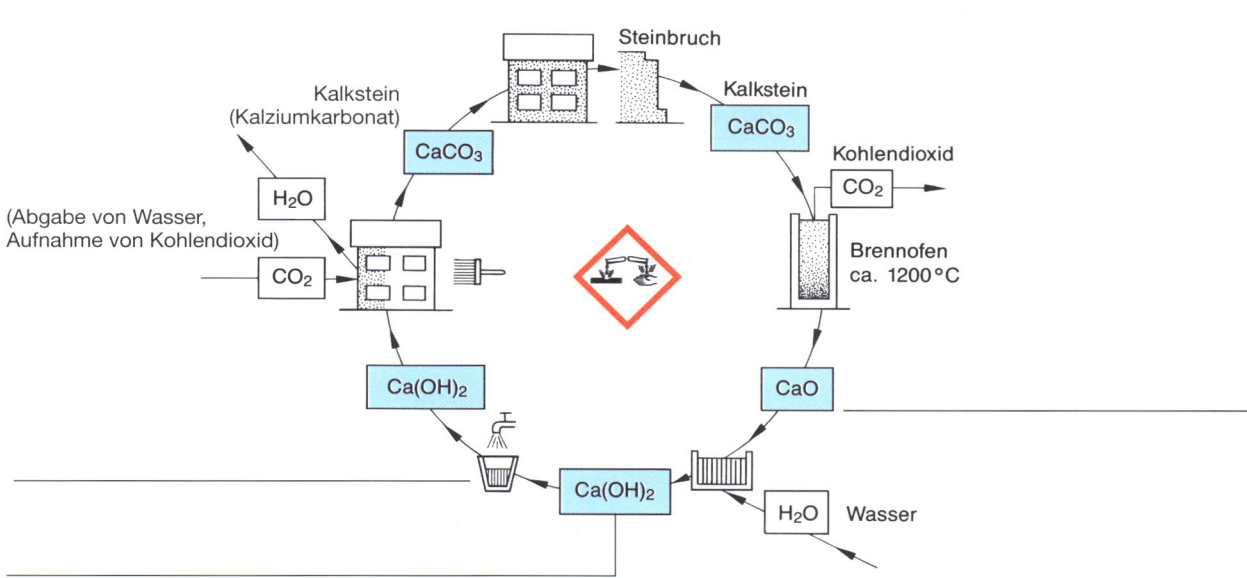

2. Erklären Sie den Begriff „**Karbonatisierung**".

_____

_____

3. Für welche **Einsatzgebiete** wird Kalk verwendet?

_____

_____

4. Beschreiben Sie die **Verwendung von Kalkinnenfarben**.

- _____
- _____
- _____
- _____
- _____

_____

5. Ergänzen Sie folgenden **Merksatz**.

Kalkfarben sind _____ Stoffe (starke Laugen). Deshalb muss man

_____ und _____ vor Spritzern schützen.

Silikatfarben   zu S. 52 und 53

1. Nennen Sie die beiden **Arten von Silikatfarben**. Wodurch unterscheiden sie sich?

_____ _____ (Zweikomponenten-material)	_____ Das Bindemittel (Kaliwasserglas) und Pigmente werden erst kurz vor der Verarbeitung vom Maler selbst zusammengemischt.
_____ _____ (Einkomponenten-material)	_____ Um die Mischung aus Bindemittellösung und Pigmenten stabil zu halten, werden vom Hersteller bis zu 5 % Kunststoffdispersion zugesetzt.

2. Aus welchen **Bestandteilen** werden **Reinsilikatfarben** angemischt?

_____ + _____ = streichfertige Reinsilikatfarbe

3. Beschreiben Sie die **Trocknung von Silikatfarben**.

_____

_____

4. Nennen Sie die **Eigenschaften der Silikatfarben**.

_____

_____

_____

_____

_____

_____

5. Ergänzen Sie folgenden **Merksatz**.

Silikatfarben sind _____ Stoffe (starke Laugen). Deshalb muss man

_____ und _____ vor Farbspritzern schützen.

6. Wofür werden **Silikatfarben** verwendet?

- _____
- _____
- _____

Name	Datum	Klasse

Herstellung und Trocknung von Dispersionsfarben   zu S. 57 und 58

1. Für welche Beschichtungsstoffe wird eine **Kunststoffdispersion** als Bindemittel verwendet?

_____

_____

2. Beschreiben Sie die **Dispersionsfarben und ihre Eigenschaften**.

_____

_____

_____

_____

3. Erklären Sie die **Zusammensetzung der Dispersionsfarben**.

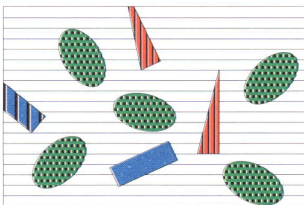

_____

_____

_____

_____

4. Wie nennt man die **Trocknung von Dispersionsfarben**?

_____

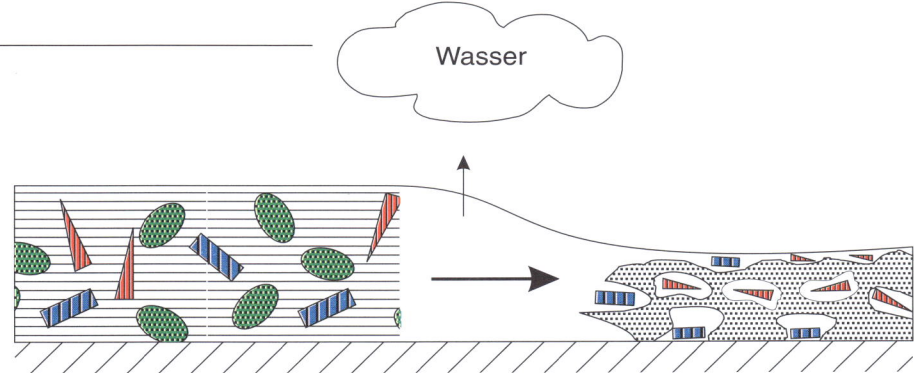

Wasser

5. Beschreiben Sie den gesamten **Trocknungsvorgang** nach folgenden Angaben:

Nach dem Auftragen	Während der Trocknung	Nach dem Trocknen
_____	_____	_____
_____	_____	_____
_____	_____	_____
_____	_____	_____

6. Ergänzen Sie folgenden **Merksatz**.

Dispersionsfarben gibt es als Innenfarben (_____) und

Außenfarben (_____) im Handel.

Name	Datum	Klasse

Eigenschaften der Dispersionsfarben   zu S. 58 – 60

1. Welche **Qualitätsstufen** haben Dispersionsfarben **nach DIN EN 13 300**?

_____

2. Ergänzen Sie folgenden **Merksatz**.

Je _____ der Bindemittelanteil, desto höher ist die _____ .

3. Beschreiben Sie die **Verwendung** der beiden Innendispersionsfarben.

Nassabrieb Klasse 3 (waschbeständige) Dispersionsfarben	
Nassabrieb Klasse 2 (scheuerbeständige) Dispersionsfarben	

4. Warum gehören Dispersionsfarben zu den umweltfreundlichen Anstrichstoffen?

_____

_____

5. Beschreiben Sie die **Eigenschaften** der beiden Außendispersionsfarben.

Fassadendispersionsfarben	
Fassadenarmierungsfarben	

6. Nennen Sie weitere **spezielle Dispersionsbeschichtungsstoffe**.

_____

_____

_____

_____

Name	Datum	Klasse

Kunststoffputze   zu S. 61 und 62

Kunststoffputze sind fabrikmäßig hergestellte Beschichtungsstoffe, die verarbeitungsfertig geliefert werden.

1. Welche zwei **Putztypen** unterscheidet man **bei Kunststoffputzen**?

_____

2. Nennen Sie die **Bestandteile**, aus denen Kunststoffputze zusammengesetzt sind.

Kunststoffputze (Kunstharzputze)	– _____
	– _____
	– _____
	– _____

3. Welche **Zuschlagstoffe** werden für Kunststoffputze verwendet?

_____

_____

4. Benennen und beschreiben Sie anhand der abgebildeten **Putzstrukturen** die vier verschiedenen Kunststoffputze.

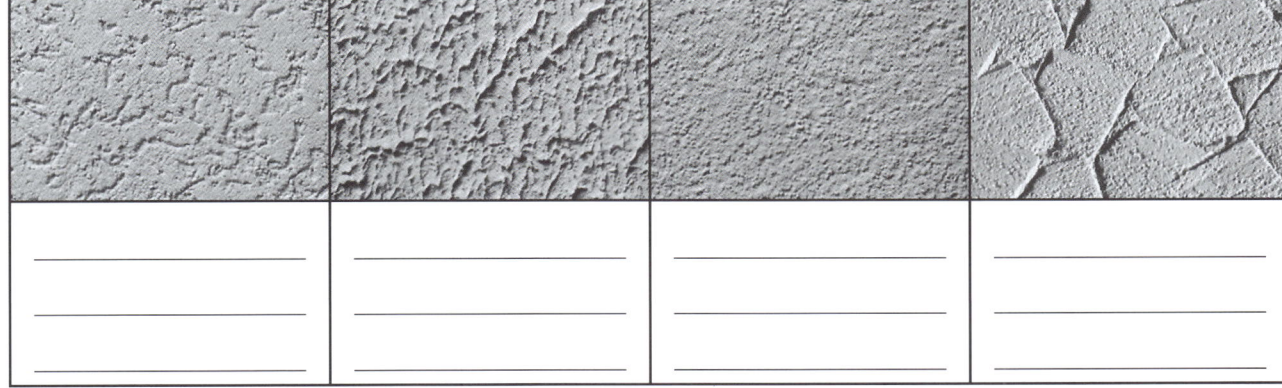

5. Was ist bei der **Verarbeitung von Kunststoffputzen** zu beachten?

_____

_____

_____

_____

Vor einer Beschichtung mit Kunststoffputz ist immer ein deckender Voranstrich aufzubringen.

Eigenschaften von Dispersionslacken zu S. 62 und 63

> Dispersionslacke sind wasserverdünnbare und umweltfreundliche Anstrichstoffe, die einen lackähnlichen Anstrichfilm ergeben.

1. Welche **Bindemittel** werden **für Dispersionslacke** verwendet?

   _____

   _____

2. Schreiben Sie die **Bestandteile** und Prozentangaben ins richtige Feld.

3. Warum benötigen Dispersionslacke einen höheren **Lösemittelanteil** als Dispersionsfarben?

   _____

   _____

4. Warum erhalten Dispersionslacke den **Blauen Umweltengel**?

   _____

   _____

   _____

5. Markieren Sie besonders wichtige **Eigenschaften der Dispersionslacke**. Welche Vor- und Nachteile haben sie?

Vorteile	
Nachteile	
Eigenschaften	wasserdampfdurchlässig (atmungsaktiv), wasserfest, enthalten nur bis 10 % organische Lösemittel, geruchsarm, elastisch, nicht vergilbend, säure- und laugenbeständig, sehr gutes Haftverhalten auf fast allen Untergründen, Dispersionslacke haben ähnliche Eigenschaften wie Dispersionsfarben

Name	Datum	Klasse

Siliconharzfarben

zu S. 65 und 66

> Siliconharzfarben und -putze sind Qualitätsbeschichtungsstoffe. Sie sind ein zeitgemäßer Fassadenschutz mit hervorragenden Eigenschaften.

1. Benennen und beschreiben Sie das **Bindemittel von Siliconharzfarben**.

_____

_____

2. Schreiben Sie die **Bestandteile der Siliconharzfarbe** in die folgende Schemazeichnung.

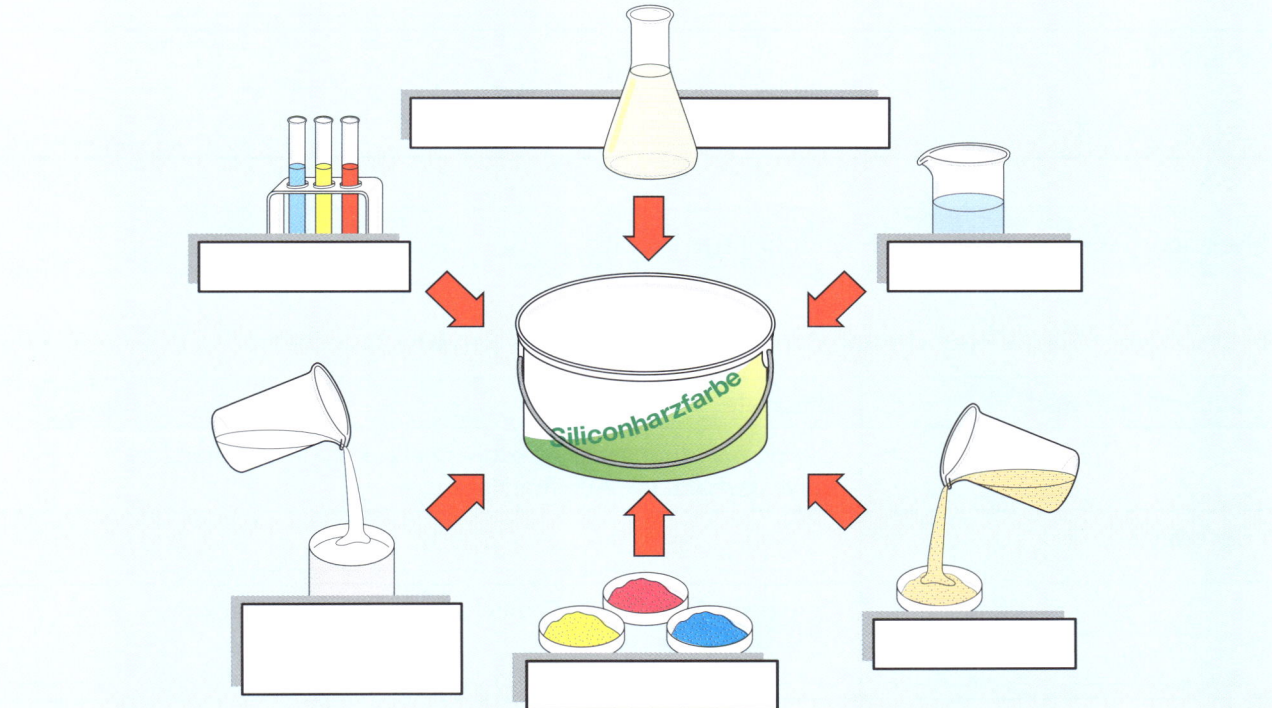

3. Welche **Vorteile** haben Siliconharzfarben?

_____

_____

4. Markieren Sie die wichtigsten **Eigenschaften** und beschreiben Sie die **Verwendung von Siliconharzfarben**.

Eigenschaften	besonders wasserabweisend (hydrophob), wetterbeständig, sehr gas- und wasserdampfdurchlässig (diffusionsfähig), beständig gegen aggressive Luftschadstoffe, schnell trocknend, leicht überstreich- und verarbeitbar, nicht filmbildend, moos-, algen- und pilzwidrig (fungizid)
Verwendung	_____ _____ _____ _____

Lacke   zu S. 70 und 71

1. Beschreiben Sie, welche Art von Anstrichstoff **Lacke** sind.

_____

_____

_____

2. Erklären Sie die Begriffe „**Lack** und **Klarlack**" nach der **DIN EN 971-1**.

Lack	_____
Klarlack	_____

Lacke lassen sich nach verschiedenen Gesichtspunkten einteilen.

3. Beschreiben Sie die **Bezeichnung der Lacke** nach den Beispielen bzw. umgekehrt.

Bezeichnung nach	Beispiele
_____	Öllack, Alkydharzlack, Epoxidharzlack, Polyurethanharzlack, Polyesterharzlack, Acrylharzlack u. a.
Lösemittel	_____
_____	Spritzlack, Streichlack, Flutlack, Tauchlack, Sprühlack
Anstrichaufbau	_____
_____	Reaktionslack, Einbrennlack, lufttrocknender Lack (Luftlack), säurehärtender Lack
Oberflächeneffekt/ Glanzgrad	_____
_____	Fensterlack, Heizkörperlack, Möbellack, Autolack, Bootslack, Parkettlack
Lackmerkmale	_____
_____	Bautenlack, Industrielack, Heimwerkerlack, Malerlack, Speziallack

Die Einteilung der Lacke nach dem Bindemittel gibt Auskunft über Qualität, Eigenschaften und den Einsatzbereich der Lacke.

Name	Datum	Klasse

Einteilung der Lacke

zu S. 72

1. Ergänzen Sie die **Tabelle**.

Rohstoff (Bindemittel)	ölhaltige Lacke	ölfreie Lacke	Kunstharz- und Kunststofflacke
Beispiele			
Trocknung			
weitere Eigenschaften		trocknen schnell schlecht verarbeitbar Spiritus- u. Nitrolack = spröde und wenig wetterfest Chlorkautschuklack = elastisch, wetter- und wasserfest	gute Haftung gute Elastizität Filme besitzen Härte und Widerstandsfähigkeit gut verarbeitbar chemikalienbeständig trocknen schnell

2. In welche **drei Gruppen** lassen sich Lacke nach Einsatz und Verarbeitung einteilen?

_____

3. Beschreiben Sie die **Verwendung** der folgenden Lackarten.

Bautenlacke (Malerlacke) z. B. Alkydharzlacke, Dispersionslacke und High-Solid-Lacke	
Speziallacke z. B. Epoxidharzlack, Polyurethanharzlack und Chlorkautschuklack	

4. Was sind **Naturharzlacke** oder sogenannte Biolacke?

_____

_____

Alkydharzlacke

zu S. 73 und 74

> Alkydharzlacke sind hochwertige Bautenlacke mit hervorragenden Lackeigenschaften, wie Glanzhaltung, Härte, Verlauf und Wetterbeständigkeit.

1. Warum werden **Alkydharzlacke** auch als Kunstharzlacke bezeichnet?

_____

2. Schreiben Sie die **Bestandteile** mit Prozentangaben ins richtige Feld.

3. Aus welchen **Rohstoffen** werden Alkydharze hergestellt?

_____

4. Ergänzen Sie das folgende Schema über die **Alkydharzlackarten** und ihre Verwendung.

Alkydharzlackarten	Ölanteil	Verwendung
_____ _____	unter 40 %	Einbrennlacke und Lackfarben für die Industrie (Fahrzeuglacke)
mittelölige Alkydharzlacke	40 bis 60 %	_____ _____
_____ _____	über 60 %	_____ für innen und außen, z. B. Heizkörper- und Fensterlacke

5. Beschreiben Sie die **Trocknung der Alkydharzlacke**.

_____

_____

6. Beschreiben Sie wichtige **Vor- und Nachteile der Alkydharzlacke**.

Vorteile	
Nachteile	

Name	Datum	Klasse

Eigenschaften der Alkydharzlacke

zu S. 74 und 75

1. Beschreiben Sie wichtige **Eigenschaften der Alkydharzlacke**.

_____

_____

_____

2. Nennen Sie sechs Alkydharzbeschichtungsstoffe für verschiedene **Einsatzgebiete**.

_____

_____

3. Erklären Sie folgende Begriffe:

Alkydharz- kombinationen	_____ _____
Eintopfsysteme	_____ _____ _____
High-Solid-Lacke	_____ _____

4. Was unterscheidet **High-Solid-Lacke** von herkömmlichen Alkydharzlacken?

_____

_____

5. Schreiben Sie die **Bestandteile** mit Prozentangaben ins richtige Feld.

6. Beschreiben Sie die Vor- und Nachteile der **High-Solid-Lacke**.

Vorteile	_____ _____ _____
Nachteile	_____ _____

Speziallacke   zu S. 77 und 78

1. Welche Werkstoffe werden als **Speziallacke** bezeichnet?

_____

_____

2. Benennen Sie die **zwei Gruppen** von Speziallacken, die man nach ihrer Trocknung unterscheidet.

_____ _____	trocknen durch Verdunsten der Lösemittel
_____ _____	trocknen durch chemische Reaktion der Bestandteile

3. Nennen Sie Beispiele für beide **Speziallackarten**.

ölfreie Lacke	_____ _____ _____
Kunstharz- und Kunststofflacke	_____ _____

4. Ergänzen Sie folgenden Merksatz.

Ölfreie Lacke sind alle _____ (umkehrbar), d. h. sie sind nicht

_____.

5. Beschreiben Sie die **Verwendung** folgender Speziallacke.

Chlorkautschuklackfarben	_____ _____ _____
Asphalt- und Bitumenlacke	_____ _____ _____
Acrylharzlacke	_____ _____

Speziallacke sollten immer nach den Angaben des Herstellers verarbeitet werden.

Name	Datum	Klasse

Reaktionslacke

zu S. 78 und 80

1. Beschreiben Sie den Begriff „Reaktionslacke".

_____

_____

_____

2. Wie heißen die zwei **Bestandteile eines Zweikomponentenlackes**?

_____   +   _____

Zweikomponentenlacke

3. Wie lassen sich **Zweikomponentenlacke** beschreiben?

_____

_____

_____

_____

4. Ergänzen Sie folgende Aussage.

Die verschiedenen 2K-Lacke haben unterschiedliche _____ (= Topfzeiten), die von weniger als einer _____ bis zu _____ Tagen reichen.

5. Nennen Sie wichtige **2K-Speziallacke** für Maler und Lackierer und beschreiben Sie deren Trocknung.

_____

_____

_____

6. Fassen Sie zusammen, was Sie über die **Verarbeitung von 2K-Lacken** wissen.

Umweltfreundliche Lacke zu S. 80 und 81

1. Nennen Sie die vier **umweltfreundlichen Lacksysteme** und beschreiben Sie mit je einem Satz, warum diese Lacke umweltfreundlich sind.

_____	_____
_____	_____
_____	_____
_____	_____

2. Wann erhalten High-Solid-Lacke den **Blauen Umweltengel**?

_____

_____

3. Tragen Sie zum **Vergleich von Dispersionslacken mit Alkydharzlacken** die fehlenden Eigenschaften ein.

Merkmale	Dispersionslacke	Alkydharzlacke
Glanz		hochglänzend
Verlauf	befriedigend bis gut	
Härte		hart
Kratzfestigkeit	weniger bis gut	
Blockfestigkeit		gut bis sehr gut
Geruch	wenig	
Trocknung staubtrocken	_____	3 bis 5 Stunden
grifffest	2 bis 4 Stunden	_____
überstreichbar	_____	18 bis 24 Stunden
durchgetrocknet	1 bis 2 Tage	_____
Reinigungsfähigkeit	befriedigend bis gut	
beständig gegen alkalische Reiniger		gering (verseifen durch Laugen)
Vergilbungsneigung	sehr gering	
Glanzstabilität	sehr gut	
Versprödung		nimmt mit dem Alter zu
Elastizität	sehr gut	
Diffusionsfähigkeit	gut bis sehr gut	
Verdünnung		Testbenzin (Terpentin-Ersatz), Kunstharz-Verdünnung, Universal-Verdünnung

Name	Datum	Klasse

Anstrichaufbau

zu S. 84 und 85

1. Erklären Sie den Begriff „**Beschichtungssystem**".

_____

_____

2. Benennen Sie **drei Anstrichschichten** eines üblichen Anstrichaufbaus.

① _____

② _____

③ _____

③
②
①
Stahl

3. Beschreiben Sie ein **Anstrichsystem** (Rostschutzanstrich) auf **Stahluntergrund**.

_____

_____

4. Beschreiben Sie die **Aufgaben** der folgenden Anstrichschichten.

	Anstrichschichten	Aufgaben
4	Schlussanstrich- oder Deckanstrichschicht	
3	Zwischenanstrich-, Vorlack- oder Füllerschicht	
2	Spachtelschicht	
1	Grundanstrich oder Grundanstrichschicht	
	Untergrund	

5. Ergänzen Sie folgenden Merksatz.

Die Schichtdicke eines Anstriches wird in _____ **(µm) gemessen.**

Name	Datum	Klasse

Aufgaben und Verwendung von Grundanstrichstoffen   zu S. 84 und 87

1. Welche **Aufgaben** haben Grundanstrichstoffe?

_____

_____

_____

2. Welche Aufgaben haben die beiden **Arten von Grundanstrichstoffen**?

Grundanstrichstoffe für poröse Untergründe	
	_____
	_____
	_____
Grundanstrichstoffe für dichte Untergründe	_____
	_____
	_____

3. Welche **anstrichtechnischen Wirkungen** lassen sich durch Grundanstrichstoffe für poröse Untergründe erreichen?

_____

_____

4. Tragen Sie **wasserverdünnbare Grundanstrichstoffe und ihre Verwendung** (in Stichpunkten) in das folgende Schema ein.

Bindemittel/Arten	Verwendung
Kunststoffdispersionen – _____ – _____ – _____ – _____ _____	_____ _____ _____ _____ _____ _____
Kaliwasserglas – _____ _____	für alkalische Untergründe, die mit 2K-Silikatfarben, Dispersions-silikatfarben oder Silikatputzen beschichtet werden zum Verdünnen von Silikatfarben
Polymerisatharz – _____	_____ _____ _____

Eigenschaften der Grundanstrichstoffe   zu S. 85 und 86

1. Wie lassen sich **Grundanstrichstoffe** allgemein **nach ihren Eigenschaften** beschreiben?

_____

_____

_____

_____

2. In welche zwei Gruppen werden **Grundanstrichstoffe in Bezug auf ihre Umweltverträglichkeit** eingeteilt?

_____

_____

3. Nennen Sie Beispiele für **lösemittelverdünnbare „Grundanstrichstoffe".**

Polymerisatharz	Epoxidharz	Alkydharz
– _____ – _____	– _____ – _____ _____	– _____ – _____ – _____ _____

4. Beschreiben Sie die **Verwendung von Polymerisatharztiefgrund.**

_____

_____

5. Benennen Sie wichtige **Eigenschaften** von Alkydharzrostschutz- und Ventigrund.

Ventilationsgrund	_____ _____ _____
Rostschutzgrund	_____ _____ _____

6. Ergänzen Sie folgenden **Merksatz.**

> **Lösemittelverdünnbare** _____ **müssen beim Streich- oder Rollauftrag mit** _____ **Werkzeugen verarbeitet werden.**

Spezialwerkstoffe zu S. 90 und 91

1. Wozu benötigen Maler und Lackierer **Spezialwerkstoffe**?

_____

_____

2. Beschreiben Sie die aufgeführten Spezialwerkstoffe oder benennen Sie diese nach der Beschreibung.

Spezialwerkstoffe	Beschreibung
	Fluate, lösemittelhaltige und lösemittelfreie Grundiermittel
	Holzschutzmittel, Siliconharzlösungen, Grundiermittel
	Säure als Neutralisationsmittel für alkalische Untergründe
Bleichmittel	
Holzbeizen	
Holzschutzmittel	
Holzschutzlasuren	
	Dispersionslasuren (ohne Wirkstoffe) für innen
Brandschutzmittel	
	Bitumen, Silicone und Acrylate
Blattmetalle	
Bronzelacke	
	Gips-, Lack- und Dispersionsspachtel, 2K-Spachtel
	Stuckgips, Ansetzgips, Fugengips und Maschinenputzgips
Streichmakulatur	
Tapetenwechselgrund	
	lösemittelfrei, macht Tapeten und Farben abwaschbar

3. Beschreiben Sie die angegebenen **Imprägniermittelarten**.

Imprägniermittel	Beschreibung
Siliconharzlösungen **Holzschutzmittel** **Imprägnierlacke** **Vinylharzdispersionen** **Fluate u. a.**	

4. Beschreiben Sie die **Verwendung** von folgenden Spezialwerkstoffen.

Absperrmittel	Imprägniermittel	Fluate

Name	Datum	Klasse

Holzschutzmittel zu S. 91 – 93

1. Beschreiben Sie die **Holzschutzmittel** und ihre Aufgaben.

_____

_____

_____

_____

2. Nennen Sie die Kurzzeichen bzw. die **Bewertungen von Holzschutzmitteln**.

Kurzzeichen	Eigenschaften und Schutzwirkung
P	
Iv	
Ib	
S	
	geeignet zum Streichen und Tauchen von Bauholz sowie zum Spritzen in stationären Anlagen
	geeignet auch für Holz, das der Witterung ausgesetzt ist
	geeignet für Holz, das extremer Beanspruchung ausgesetzt ist, z. B. in Erdkontakt oder fließendem Wasser
	geeignet zum Brandschutz (Feuerschutzanstriche) von Holz und Holzwerkstoffen

3. Beschreiben Sie die **Bedeutungen** der abgebildeten **Gütezeichen**.

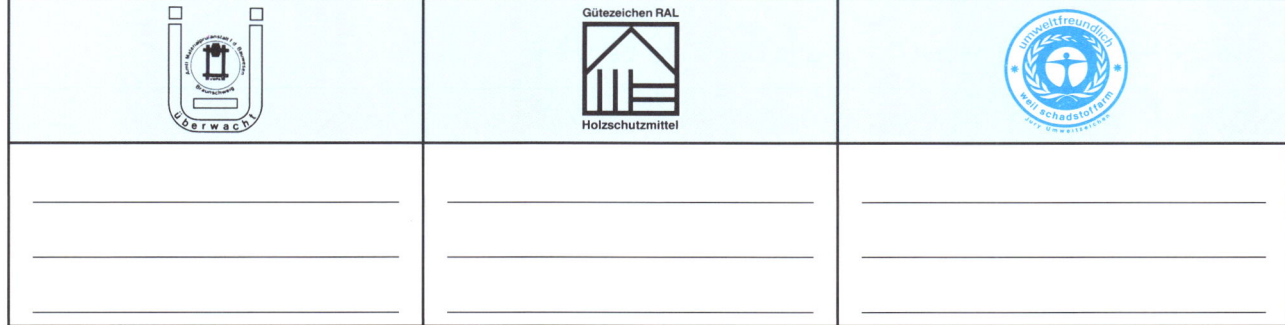

_____   _____   _____

_____   _____   _____

_____   _____   _____

4. Wozu benötigt man **Bläueschutzgrund**?

_____

_____

5. Nennen Sie **wichtige Holzschutzmittel**.

_____

_____

 **Die Holzschutzmittel enthalten zum Teil sehr gesundheitsschädliche Stoffe. Deshalb müssen die in den Herstellerangaben genannten Sicherheitsmaßnahmen unbedingt eingehalten werden.**

Holz(schutz)lasuren zu S. 94 und 95

1. Wie lassen sich **Holzlasuren** beschreiben?

_____

_____

2. Nennen Sie drei wichtige **Anforderungen**, die gute Holzlasuren erfüllen sollten.

_____

_____

3. Beschreiben Sie den Unterschied zwischen **Holzlasuren und Holzschutzlasuren**.

Holzlasuren (für den Innenbereich)	_____ _____ _____
Holzschutzlasuren (für den Außenbereich)	_____ _____ _____

4. Beschreiben Sie den Unterschied zwischen **Dünn- und Dickschichtlasuren**.

_____

_____

5. Welche **Verwendung** haben Dünn- und Dickschichtlasuren?

offenporiger Anstrich	_____ _____ _____ _____
geschlossener Anstrich	_____ _____ _____

6. Welche Vorteile haben **Dispersionslasuren**?

_____

_____

Name	Datum	Klasse

Brandschutzmittel

zu S. 96 und 97

1. Erklären Sie den Begriff „**Brandschutzmittel**".

_____

_____

2. Erklären Sie die **Wirkungsweise** von Brandschutzmitteln (Dämmschichtbildner).

Feuer | Holz
Kohleschaumschicht

_____

_____

_____

_____

_____

_____

3. Nennen Sie die beiden **Aufgaben** von Brandschutzmitteln.

• _____

• _____

4. Was bedeutet die **Baustoffklasse B1**?

_____

_____

5. Welche **Feuerwiderstandsklassen** gibt es und was bedeuten sie?

_____

_____

6. Schreiben Sie die verschiedenen **Brandschutzsysteme** in das vorgegebene Schema.

Brandschutzsysteme	Verwendung
– _____	_____
– _____ _____	_____ _____
– _____ _____	_____ _____

7. Benennen Sie die **Anstrichschichten eines Brandschutzsystems**.

_____

_____

Dichtstoffe   zu S. 97 und 98

1. Wofür verwendet man **Dichtstoffe**?

_____

_____

2. Welche **Aufgaben** haben Dichtstoffe?

_____

_____

3. Nennen Sie zu den beiden **Fugenarten** einige Beispiele.

Anschlussfugen	_____ _____ _____ _____
Dehnungsfugen	_____ _____ _____ _____

4. Welche **Eigenschaften** sollten gute Dichtstoffe haben?

   • _____

   • _____

   • _____

   _____

5. Schreiben Sie zu den **Dichtstoffarten** einige Beispiele.

Erhärtende Dichtstoffe	Plastische Dichtstoffe	Elastische Dichtstoffe	Dichtungs-Füllschaum
– _____ – _____	– _____ – _____ – _____	– _____ – _____ – _____	– _____

6. Beschreiben Sie die **Verwendung von elastischen Dichtstoffen**.

_____

_____

Name	Datum	Klasse

Spachtelmassen zu S. 99 und 100

1. Welche Werkstoffe werden als **Spachtelmassen** bezeichnet?

_____

_____

_____

2. Wie werden Spachtelmassen nach ihrem **Verarbeitungsverfahren** bezeichnet?

_____

3. Ergänzen Sie folgenden **Merksatz**.

> Spachtelmassen werden meistens nach dem _____ bezeichnet (z. B. Ölspachtel),
>
> weil es ihre _____ (Haftung, Trocknung) und ihren Einsatzbereich bestimmt.

4. Beschreiben Sie die beiden folgenden **Spachtelmassengruppen**.

organisch gebundene	_____ _____ _____ _____
mineralisch gebundene	_____ _____ _____ _____

5. Schreiben Sie zu den **Spachtelmassenarten** einige dazugehörige Beispiele.

Wässrige Spachtelmassen	Einkomponentenlackspachtel	Zweikomponenten-lackspachtel
– _____ – _____ – _____ – _____ _____	– _____ – _____ _____ – _____ _____	– _____ _____ – _____ _____

6. Beschreiben Sie die **Eigenschaften von Einkomponentenlackspachtel**.

_____

_____

Hilfsstoffe zu S. 105 und 106

> **Hilfsstoffe (Hilfsmittel)** helfen dem Maler bei der Auftragsausführung, z. B. um einen Untergrund für eine Beschichtung oder Tapezierung vorzubereiten.

1. Beschreiben Sie die aufgeführten **Hilfsstoffe** oder benennen Sie diese nach der Beschreibung.

Hilfsstoffe	Beschreibung
	Alkali- und Phosphatgemische mit Netzmittel, Lösemittel und Fluaten
	Laugen und lösemittelhaltiges Abbeizfluid
Schimmelentferner	
Klebstoffentferner	
Tapetenlöser	
	Lacklöser, wasseremulgierbar, biologisch abbaubar
Entrostungsmittel	
Klebstoffe	
	Schleifpapier, Schleifvliese, Schleifpasten und Schleifpulver

2. Ergänzen Sie folgenden Merksatz.

> Maler und Lackierer sollten _____ abbaubare _____ verwenden, weil sie
>
> die _____ und die _____ des Verarbeiters schonen.

3. Nennen Sie drei Beispiele für **alkalische Reinigungsmittel** und beschreiben Sie deren Verwendung.

Beispiele	Verwendung
– _____	_____
_____	_____
– _____	_____
– _____	_____

4. Beschreiben Sie den Begriff „**Pinselreiniger**".

_____

_____

5. Welche **Abbeizmittel** sind besonders umwelt- und gesundheitsschädlich?

_____

_____

Name	Datum	Klasse

Tapetenkleister

zu S. 108 – 110

1. Beschreiben Sie die drei folgenden flüssigen **Klebstoffarten**.

   Leimlösungen   = _____

   _____

   Dispersionskleber = _____

   _____

   Lösemittelkleber   = _____

   _____

2. Zählen Sie vier verschiedene **Kleisterarten** auf.

   _____

   _____

3. Was ist der Unterschied zwischen **Normal- und Spezialkleister**?

   _____

   _____

4. Beschreiben Sie **Eigenschaften** und **Verwendung von Spezialkleister**.

Eigenschaften	Verwendung
_____	_____
_____	_____
_____	_____
_____	_____

5. Was bedeutet ein **Kleisteransatzverhältnis** von 1:50 für schwere Tapeten?

   _____

   _____

6. Beschreiben Sie **Dispersionsklebstoffe**.

   _____

   _____

7. Zählen Sie verschiedene **Sorten von Dispersionsklebern** auf.

   _____

   _____

   _____

Name	Datum	Klasse

Aufbau und Aufgaben von Schleifmitteln zu S. 114 und 115

1. Erklären Sie den Begriff „**Schleifmittel**".

_____

_____

2. Beschreiben Sie die aufgeführten Schleifmittel oder benennen Sie diese nach der Beschreibung.

Schleifmittel	Beschreibung
Schleifpapiere	
	als Fiber-Discs für Winkel- und Exzenterschleifer
Schleifgitter	
	als Bogen und Scheibenmaterial, beidseitig verwendbar
Schleifpads	
	feine Schleifkörner in zähen Flüssigkeiten, z. B. Paraffin
Schleifpulver	
	z. B. ein Stück Bimsstein zum direkten Schleifen
Poliermittel	
	Knäuel von Stahldrähten für groben Handschliff

3. Beschreiben Sie den **Aufbau von Schleifpapieren**.

_____

_____

4. Benennen Sie die vier **Bestandteile von Schleifpapier**.

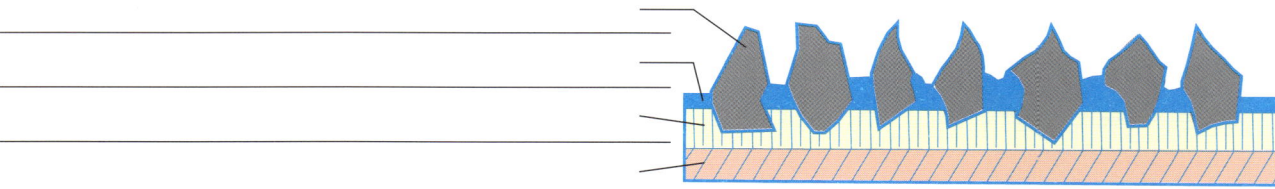

5. Aus welchen Materialien werden die **Unterlagen der Schleifmittel** (Schleifkornträger) angefertigt?

_____

6. Beschreiben Sie die **Aufgaben der beiden Schleifkornbindemittel**.

Grundbinder	
Deckbinder	

Deckbinder

Grundbinder

Name	Datum	Klasse

Eigenschaften von Schleifmitteln

zu S. 115 – 117

1. Welchen Qualitätsunterschied gibt es zwischen **Nass- und Trockenschleifpapieren**?

_____

_____

2. Beschreiben Sie den Einsatz der wichtigsten **Schleifkornarten**.

Korund Aluminiumoxid (Al_2O_3)	_____ _____ _____
Siliziumcarbid (SiC)	_____ _____ _____

3. In welchem Bereich liegt die **Korngröße** der Schleifpapiere, -gewebe und -fiber?

_____

4. Ergänzen Sie folgenden **Merksatz**.

Je größer die Zahl auf dem _____**, Schleifgewebe oder Schleiffiber ist,**

desto _____ **ist die** _____ **und damit der Schliff.**

5. Beschreiben Sie die **Vorteile von Schleifmitteln** mit offener bzw. dichter Streuung.

offene Streuung	_____ _____
dichte Streuung	

6. Beschreiben Sie **Schleifvliese** und benennen Sie die **Bestandteile** auf der Zeichnung.

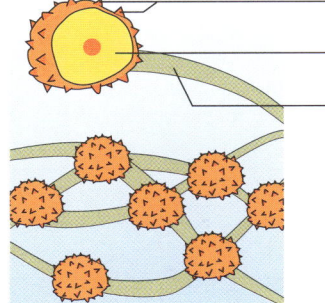

_____

_____

_____

_____

7. Welche zwei **Schleifvliessorten** werden nach der Kornart unterschieden?

_____

_____

Wandbekleidungen   zu S. 123

1. Aus welchen **Stoffen** können Wandbekleidungen bestehen?

_____

_____

2. In welcher **Form** kommen Wandbekleidungen in den Handel?

_____

3. Wie werden Wandbekleidungen **befestigt**?

_____

4. Nennen Sie **verschiedene Wandbekleidungen**.

_____

_____

_____

5. Beschreiben Sie die **beiden Gruppen** von Wandbekleidungen.

fertige Wandbekleidungen	
zu behandelnde Wandbekleidungen	

Tapeten sind fertige Wandbekleidungen, die keine weitere Behandlung mehr benötigen.

6. Erklären Sie den Begriff „**Tapete**" möglichst genau.

_____

_____

_____

_____

7. Zu welcher Gruppe von Wandbekleidungen zählt die **Raufasertapete**?

_____

_____

Name	Datum	Klasse

Tapeten

zu S. 124 und 125

1. Tragen Sie in die Tabelle ein, um welches **Druckverfahren** es sich jeweils handelt.

_____	nach digitalisierter Vorlage, z. B. Foto, verschiedene Drucktechniken wie Tintenstrahl, Laser oder Elektrostatik
_____	zwischen Positiv- und Negativwalzen wird die Papierbahn unter hohem Druck geprägt
_____	Druck durch die Vertiefungen der Druckwalze – die Farbe wird vom Papier aufgesaugt.
_____	Mit der Rakel wird die Farbe von innen durch die Öffnungen des Rundsiebes gedrückt.

2. Durch welche Faktoren wird die **Qualität von Tapeten** beeinflusst?

- _____
- _____
- _____
- _____
- _____
- _____

3. Ergänzen Sie folgenden **Merksatz**.

Je stärker das Papier und je besser die Druckfarben, desto _____

und _____ **sind die Tapeten.**

4. Schreiben Sie die **Lieferformen** (Maße) folgender Tapeten auf.

a) **Europarolle:** _____ m

b) **Standard-Raufaserrolle:** _____ m

5. Welche Bedeutung hat das abgebildete **RAL-Gütezeichen**?

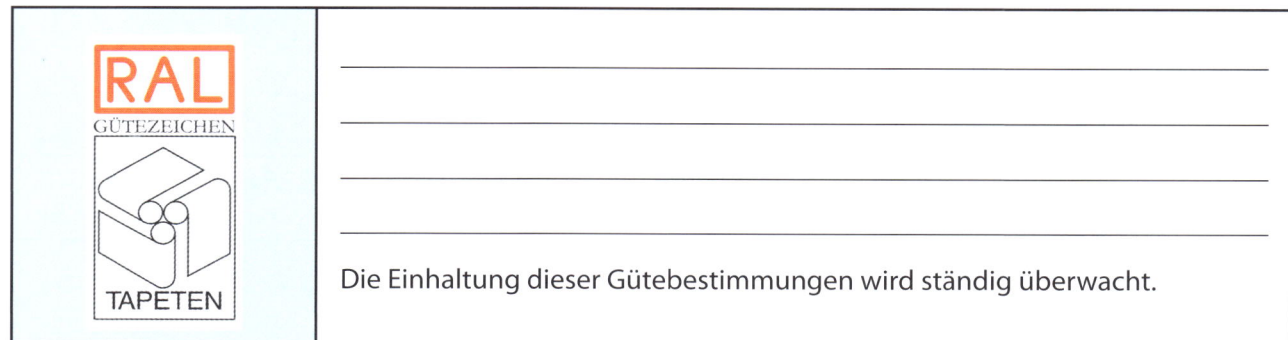

RAL GÜTEZEICHEN TAPETEN	_____ _____ _____ _____ Die Einhaltung dieser Gütebestimmungen wird ständig überwacht.

Name	Datum	Klasse

Tapetenarten

zu S. 125 und 126

1. Nennen Sie die **8 Tapetengruppen**, die **nach** der **Euronorm** eingeteilt sind.

_____

_____

2. Beschreiben Sie die folgenden **Tapetenarten**.

Tapetenarten	Beschreibung
Naturelltapeten	bestehen aus leichtem Papier, das nur teilweise (meist mit Leimfarbe) bedruckt wird. Sie sind nicht lichtbeständig, sie vergilben deshalb leicht.
Fondtapeten	
gaufrierte Tapeten	bei fast allen besseren Tapetenarten übliche Untergrundprägung, im Gegensatz zur Musterprägung bei Prägetapeten.
Prägetapeten	
Profiltapeten	sind aus festem Papier, die Oberfläche ist mit plastischem Material strukturiert und teilweise mit einem Muster bedruckt.
Vinyltapeten	
Kettfadentapeten	Farbige Textilfäden sind nur in Längsrichtung der Tapeten (auch auf bedruckten Papierbahnen) aufgeklebt. Je mehr Fäden pro Zentimeter, desto hochwertiger und teurer ist die Textiltapete.
Gewebetapeten	
Metallictapeten	Alufolie wird auf eine Bahn aus festem Papier aufkaschiert (aufgeklebt). Metallictapeten können bedruckt, geätzt oder künstlich oxidiert sein.
Velourstapeten	
Naturwerkstoff-tapeten	Auf feste beschichtete Papierträger werden Naturwerkstoffe wie Gräser, Blätter, Kork oder Holzfurniere geklebt, z. B. Kork-, Echtholz- oder Grastapeten.
Wandbildtapeten	

Name	Datum	Klasse

Tapetenkennzeichnung

1. Nennen Sie zu den fünf **Anfertigungskennzeichnungen** die Bedeutung.

   - **Anfertigungsnummer** _____
   - **Hersteller** _____
   - **Qualitätsgruppe** _____
   - **Rapportangabe** _____
   - **Musterrichtung** _____

2. Warum dürfen zum Tapezieren (in einem Raum) nur **Tapetenrollen mit gleicher Anfertigungsnummer** verwendet werden?

   _____

   _____

3. Welche zusätzliche Information auf dem **Beilegezettel** ist besonders wichtig?

   _____

4. Nennen Sie zu den **Tapetensymbolen** die jeweilige Bedeutung.

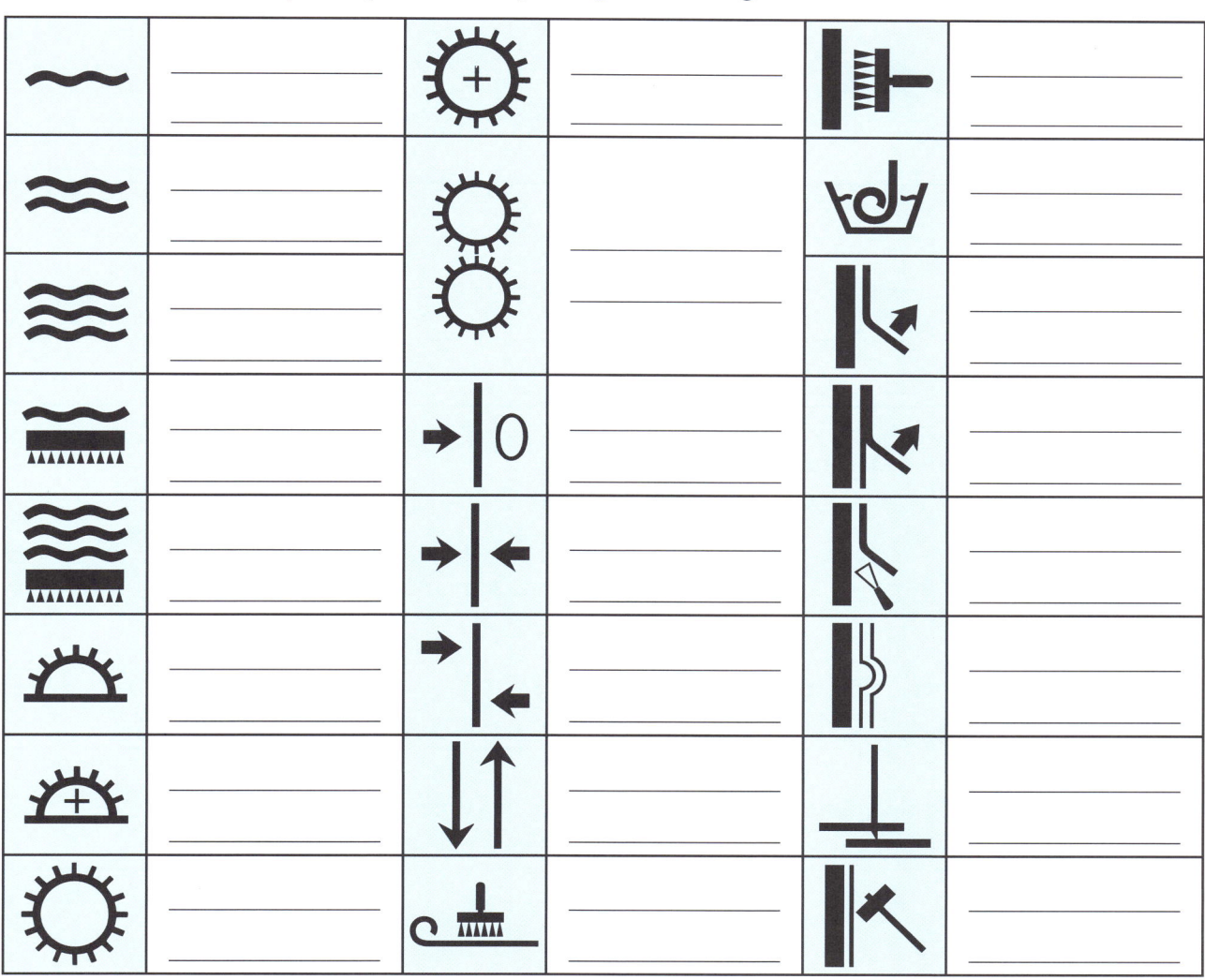

Name	Datum	Klasse

Prüfrichtlinien für Tapeten   zu S. 130 und 133

Achtung: Bei fehlerhafter Ware leisten Tapetenhersteller nur dann Ersatz, wenn die Prüfrichtlinien eingehalten wurden.

1. Benennen Sie die **Prüfrichtlinien** vor dem Öffnen der Klarsichtverpackung.

   • _____

   • _____

   • _____

2. Beschreiben Sie die **Prüfrichtlinien** nach dem Öffnen der Klarsichtverpackung.

Prüfrichtlinien	Beschreibung
Kontrolle auf Seitengleichheit	_____ _____ _____ _____
Kontrolle durch Fächerprobe	_____ _____ _____ _____
Fehlerkontrolle	_____ _____ _____ _____

3. Ergänzen Sie folgenden **Merksatz**.

Reststücke der Tapeten und der _____ **sind bis zur Abnahme der**

_____ **unbedingt aufzubewahren.**

4. Wie lautet die Formel zur **Ermittlung des Rollenbedarfs**?

   Benötigte Rollenzahl = _____

5. Nennen Sie die Maße einer **Europa-Tapetenrolle** und für wie viel m² sie reicht?

_____

Name	Datum	Klasse

Untergründe

zu S. 141

1. Erklären Sie den Begriff „**Untergründe**".

_____

_____

_____

2. Nennen Sie die sechs wichtigsten **Untergrundarten**.

_____

_____

3. Ergänzen Sie das Schema zur **Einteilung der Untergründe**.

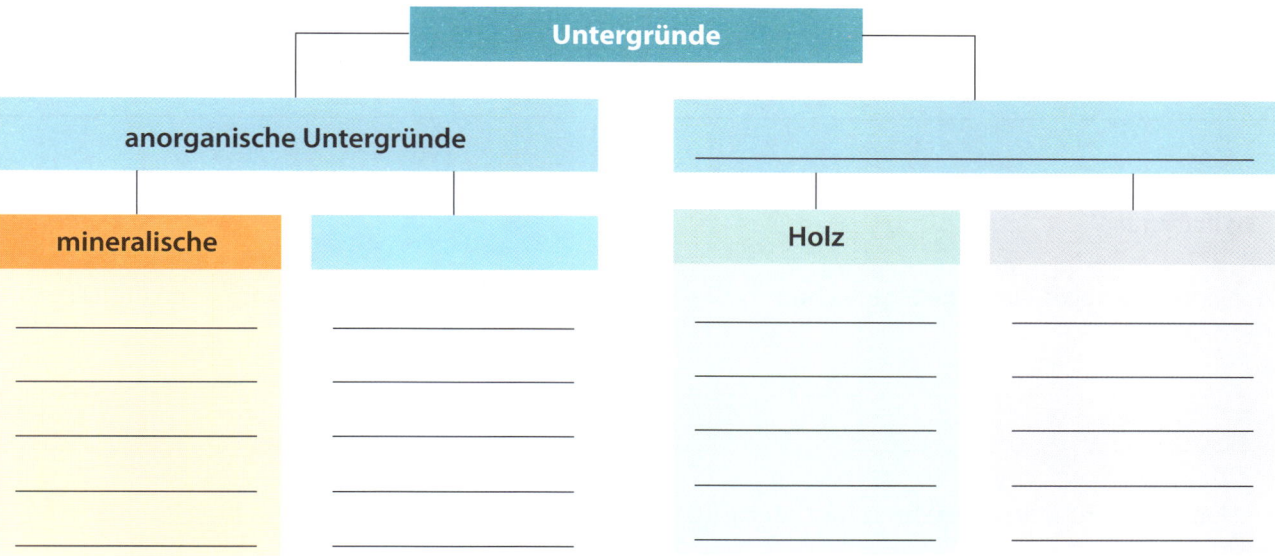

4. Schreiben Sie in die Leerzeilen Beispiele für **poröse und dichte Untergründe**.

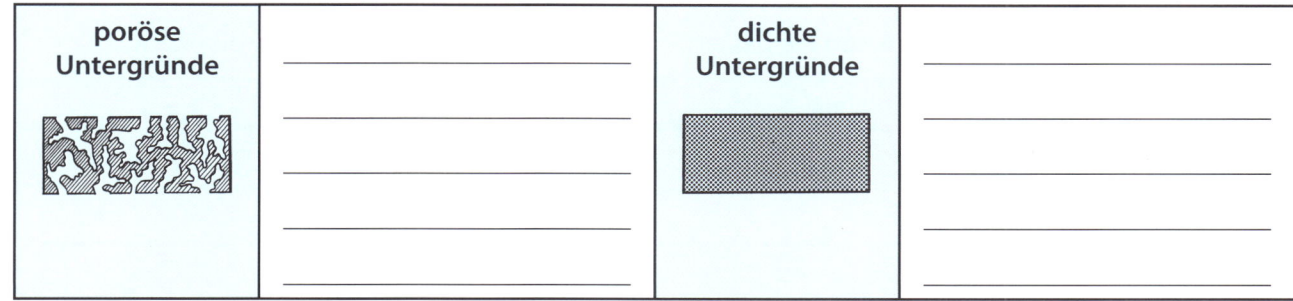

Poröse Untergründe sind mehr oder weniger saugfähig. Dichte Untergründe können glatt oder rau sein und lassen ein Eindringen von Grundanstrichstoffen nicht zu.

5. Wie kann die **Saugfähigkeit** bei porösen Untergründen verringert werden?

_____

_____

Eigenschaften der Untergründe   zu S. 142 und 143

1. Welche unterschiedlichen Eigenschaften benötigen **Grundanstrichstoffe** für poröse und für dichte Untergründe?

poröse Untergründe	Grundanstrichstoffe sollen – gut in den Untergrund eindringen, – _____ – _____ – _____
dichte Untergründe	Grundanstrichstoffe sollen – besonders gut haften, d. h. eine gute Adhäsion besitzen, – _____ – _____ – _____

> **Anstrichuntergründe müssen sorgfältig geprüft und vorbereitet werden. Eine Beschichtung kann nur so gut sein wie ihr Untergrund.**

2. Nennen Sie acht **wichtige Eigenschaften**, wie Untergründe vor einer Beschichtung beschaffen sein sollten.

_____

_____

3. Nennen Sie fünf **Prüfverfahren** für Untergründe.

_____

_____

4. Beschreiben Sie zu den **Vorarbeiten** die passenden Beispiele bei der Untergrundvorbereitung.

Vorarbeiten	Beispiele
Untergrund reinigen	– _____ – _____ – _____
Schadstoffe entfernen	– _____ – _____ – _____
Grundanstriche	– _____ – _____ – _____

Name	Datum	Klasse

Mineralische Untergründe

zu S. 145 und 146

1. Was sind **mineralische Untergründe**?

_____

2. Ergänzen Sie die Tabelle.

Mineralische Untergründe		
natürliche	**gebundene**	**gebrannte**

3. Beschreiben Sie die unterschiedlichen **Eigenschaften** der mineralischen Untergründe.

Eigenschaften	Beschreibung	Untergrundprüfung
Festigkeit Druck		durch Kratz- oder Nagelprobe
Härte/Dichte		durch Klangprobe *Je härter ein Baustoff, desto heller klingt er.*
Oberflächenstruktur		durch Anschauen *Je rauer die Oberfläche, desto besser ist die Haftung.*
Saugfähigkeit/ Kapilarität		durch Benetzungsprobe *Je poröser ein Baustoff, desto größer ist das Saugvermögen.*
Alkalität		durch Indikatorpapier *pH-Werte:* *1 bis 6 = sauer, 7 = neutral,* *8 bis 14 = alkalisch*
Wetterbeständigkeit **Zerfall durch Abgase**		durch Anschauen *Feuchte Baustoffe sind nicht frostbeständig.*
Wärmedämmung		durch Anschauen *Je poröser der Baustoff, desto besser die Wärmedämmung.*

Name	Datum	Klasse

Putze und Mörtelgruppen   zu S. 148 und 149

1. Erklären Sie den Begriff „**Putze**".

_____

_____

2. Ergänzen Sie das Schema.

   Zusammensetzung von Putzmörtel

Bindemittel	⇨	_____
+		
Zuschlagstoffe	⇨	_____
+		
Anmachwasser	⇨	_____
=		
Putzmörtel	⇨	_____

3. Nennen und beschreiben Sie die Bindemittelarten und Eigenschaften der **Putzmörtelgruppen**.

Mörtel-gruppen	Bindemittel	Eigenschaften und Verwendung
P I	– _____ – _____ – _____ _____	_____ _____ _Putze für innen und außen_
P II	– _____ _____ – _____ – _____	_____ _____ _____ _Putze für innen und außen, als Unterputz und für den Keller- und Sockelbereich_
P III	– _____	_____ _____ _____ _für wassersperrende Putze innen und außen, in Kellern, Feuchträumen und im Sockelbereich_
P IV	– _____ _____	_____ _____ _____ _nur für den Innenbereich, meist für einlagige Innenputze im Wohnbereich_

Name	Datum	Klasse

Aufgaben der Putze

zu S. 147 – 149

1. Warum gehören **Kalk- und Zementmörtel** zu den gefährlichen Arbeitsstoffen?

_____

_____

_____

2. Benennen Sie die vier **Aufgaben der Putze**.

3. Zählen Sie fünf verschiedene **Putzstrukturen** auf.

_____

_____

_____

Putze werden ein- oder zweilagig (ein- oder zweischichtig) von Hand oder mit Putzmaschinen verarbeitet.

---

4. Welche Einsatzgebiete haben **ein- oder zweilagige Putze**?

einlagig	Einsatzgebiete	zweilagig
	einlagig = _____ zweilagig = _____	

Name	Datum	Klasse

Putzrisse und ihre Auswirkungen

zu S. 150 und 151

1. Welche Auswirkungen haben **Putzrisse**?

_____

_____

_____

_____

2. Benennen Sie die **Rissarten** und beschreiben Sie die passende Rissarmierung.

Rissarten	Beschreibung und Beseitigung
	sind feine Putzrisse, die auch als Haar- und Netzrisse bezeichnet werden. Sie können durch zu schnelle Trocknung und falsche Zusammensetzung des Mörtels entstehen. – _____ _____ – _____ _____
	Fugen und Mauerwerksrisse sind Risse, die an Stoß- und Lagerfugen der Bausteine auftreten. Sie entstehen meistens durch Verputzen von noch feuchtem, schlecht durchgetrocknetem Mauerwerk. – _____ _____ – _____ _____
	sind Einzel- oder Setzrisse, die zwischen Bauteilen durch Baugrundabsetzung oder Erschütterung des Baukörpers entstehen. Es sind auch sogenannte statische Risse, weil sie oft durch das gesamte Mauerwerk reißen. – _____ _____ – _____ _____

3. Was ist bei der **Verarbeitung von Armierungssystemen** unbedingt zu beachten?

_____

_____

_____

Name	Datum	Klasse

Mineralische Untergründe: Beton   zu S. 154 und 155

1. Schreiben Sie die **Bestandteile von Beton** in das vorgegebene Schema.

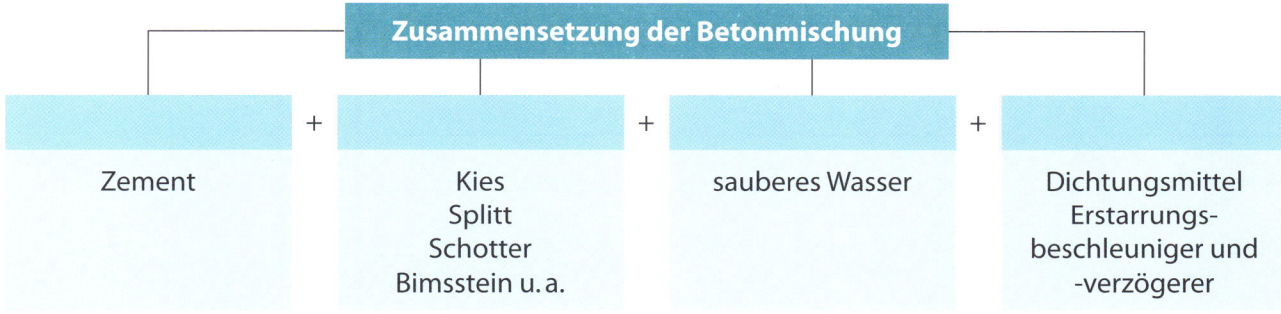

Zusammensetzung der Betonmischung			
Zement	Kies Splitt Schotter Bimsstein u. a.	sauberes Wasser	Dichtungsmittel Erstarrungs- beschleuniger und -verzögerer

2. Erklären Sie den Begriff „**Stahlbeton**".

_____

_____

3. Nennen Sie wichtige **Betoneigenschaften**.

_____

> **Beton kann Schäden aufweisen, die vor einer Beschichtung beseitigt werden müssen.**

4. Schreiben Sie zu den angegebenen **Betonmängeln** die jeweiligen Ursachen.

Betonmängel	Ursachen	
Trennmittelrückstände und Schmutz	– _____ – _____	
Risse und Betonabsprengungen	– _____ – _____	
Schimmelpilze, Moos- und Algenbewuchs	– _____	
Poren, Lunker und Kiesnester	– _____ – _____	

5. Wie kann Beton vorbeugend gegen **Alkalitätsverlust** geschützt werden?

Gipskartonplatten   zu S. 160 und 161

1. Beschreiben Sie den Aufbau und die Verwendung von **Gipskartonplatten**.

Aufbau: _____

_____

_____

Verwendung: _____

_____

_____

2. Welche **Vorteile** haben Gipskartonplatten als sogenannter **Trockenputz**?

_____

_____

_____

_____

3. Benennen Sie die **Gipskartonplattenarten** nach ihrer bauüblichen Bezeichnung.

Gipsplatte A (GKB)	
Gipsplatte F (GKF)	
Gipsplatte H (GKBI)	

4. Welche anderen **Gipskartonplatten** gibt es außerdem noch?

_____

_____

5. In welchen **Abmessungen** werden Gipskartonplatten geliefert?

_____

6. Beschreiben Sie die beiden **Befestigungstechniken von Gipskartonplatten**.

• _____

_____

• _____

_____

Name	Datum	Klasse

Wärmedämmung   zu S. 163

1. Was bedeutet der Begriff „**Wärmeverluste**"?

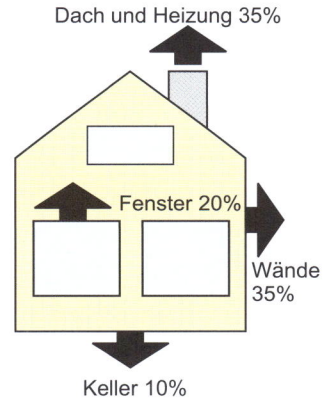

Dach und Heizung 35%

Fenster 20%

Wände 35%

Keller 10%

_____

_____

_____

_____

_____

2. Wodurch werden die Anforderungen der **Wärmschutzverordnung** optimal erreicht?

_____

_____

3. Beschreiben Sie die **Außendämmung** im Vergleich zur **Innendämmung**.

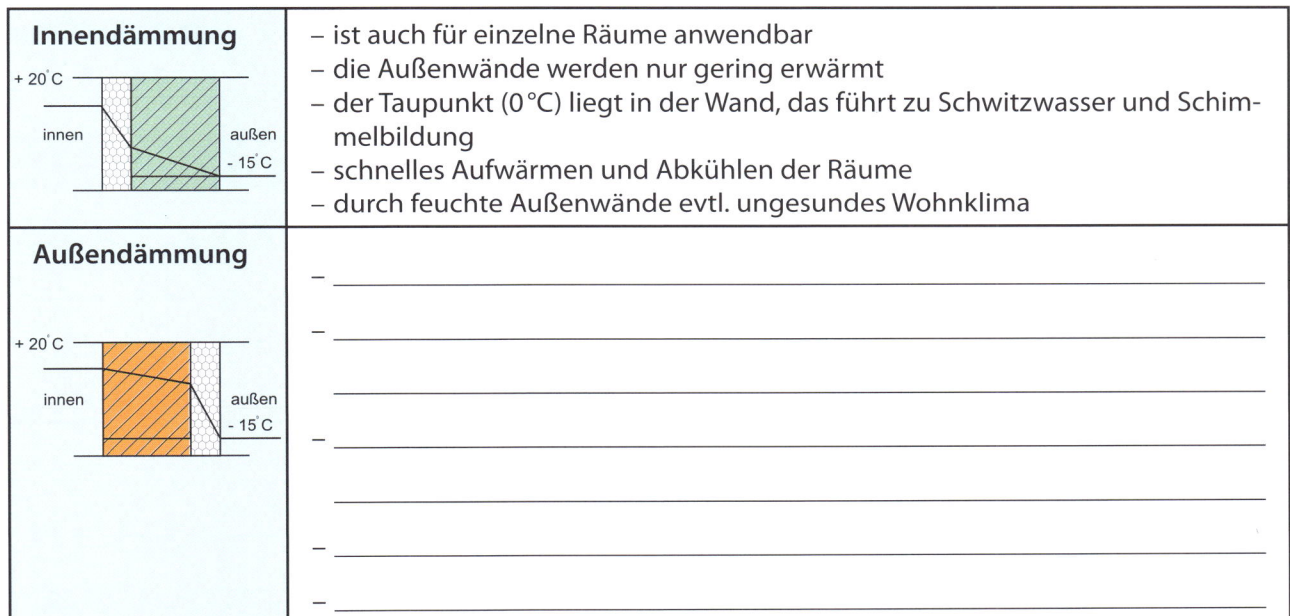

Innendämmung	– ist auch für einzelne Räume anwendbar – die Außenwände werden nur gering erwärmt – der Taupunkt (0 °C) liegt in der Wand, das führt zu Schwitzwasser und Schimmelbildung – schnelles Aufwärmen und Abkühlen der Räume – durch feuchte Außenwände evtl. ungesundes Wohnklima
+20°C innen außen -15°C	
Außendämmung	– _____ – _____ _____ – _____ _____ – _____ – _____
+20°C innen außen -15°C	

4. Welche porösen Stoffe eignen sich als **Wärmedämmstoffe**?

_____

_____

_____

5. Ergänzen Sie folgende Merksätze.

Stoffe mit vielen Hohlräumen sind _____ **aber** _____
Wärmedämmer.

Je poröser ein Stoff, desto besser ist die _____ **.**

Wärmedämmverbundsysteme zu S. 164

1. Was sind **Wärmedämmverbundsysteme** (WDVS)?

_____

_____

_____

2. Benennen Sie die einzelnen **Elemente eines Wärmedämmverbundsystems**.

_____

_____

_____

_____

_____

_____

3. Benennen Sie die zwei **Wärmedämmhauptsysteme** und beschreiben Sie deren Eigenschaften.

Systeme	Eigenschaften
mit Polystyrolhartschaum- und Holzfaserplatten und Dispersionswerkstoffen	– _____ – _____ – _____ – _____
mit Mineralfaserplatten und mineralischen Werkstoffen	– _____ – _____ – _____ – _____

4. Welche drei **Befestigungsarten der Wärmedämmplatten** werden unterschieden?

- _____

  _____

- _____

  _____

- _____

  _____

Name	Datum	Klasse

Metalluntergründe

zu S. 169

1. Nennen Sie verschiedene **Metalluntergründe**.

_____

_____

2. Schreiben Sie Beispiele zu folgenden **Metallarten**.

Leichtmetalle: _____

Schwermetalle: _____

Edelmetalle: _____

Buntmetalle: _____

Metallgemische: _____

3. Benennen Sie die beiden **Metallgruppen** anhand der Beispiele.

	Eisen, Stahl, Gusseisen
	Aluminium, Blei, Kupfer, Zink, Zinn

4. Beschreiben Sie die **Eisen- und Nichteisenmetalle**.

Eisenmetalle (E-Metalle) Rostschicht Stahl	_____
Nichteisenmetalle (NE-Metalle) Oxidschicht Nichteisenmetall	_____

5. Welche wichtigen **Eigenschaften** zeichnen Metalle aus?

_____

6. Ergänzen Sie folgenden **Merksatz**.

Metalle bilden durch Witterungseinflüsse _____ Oberflächen,

dabei ist _____ durch Korrosion oder _____

durch Oxidschichten möglich.

Korrosion   zu S. 170

1. Was versteht man unter dem Begriff „**Korrosion**"?

_____

_____

2. Ergänzen Sie folgenden **Merksatz**.

> **Bei Eisen und Stahl bedeutet Korrosion** _____.

3. Erläutern Sie die **Rostbildung** und ergänzen Sie die Formel von Rost.

_____

_____

_____

Eisen	+	**Sauerstoff**	+	**Wasser**	=	_____
Fe		O		H_2O		$Fe(OH)_2$

4. Erklären Sie den Begriff „**Rostgrade**".

_____

5. Beschreiben Sie die **Flächen- und die Kontaktkorrosion**.

Korrosionsarten	Beschreibung
Flächenkorrosion	_____ _____ _____ _____
Lochfraßkorrosion	Die Lochfraßkorrosion beginnt an der Oberfläche und zerstört den Stahl auch in der Tiefe. Es entstehen Durchlöcherungen, z. B. im Blech von Fahrzeugen.
Kontaktkorrosion Fe Cu	_____ _____ _____
Unterrostung Anstrich Stahl Rost	Das Wasser dringt in einen rissigen Anstrich ein und führt dort zu Rostbildung. Dadurch wird der Anstrich teilweise oder auch ganz abgesprengt.

Name	Datum	Klasse

Korrosionsschutz

zu S. 171 und 172

1. Wodurch können Maler und Lackierer **Eisenmetalle** vor Rost schützen?

_____

2. Nennen Sie Grundvoraussetzungen für einen dauerhaften **Korrosionsschutz** durch Beschichtungen.

- **Untergrundprüfung** _____

  - _____ durch Reinigen, Entfetten und Entrosten

- **Beschichtungsstoff** _____

  - _____ mit ausreichender Schichtstärke von 160 μm

3. Ergänzen Sie folgenden **Merksatz**.

Korrosionsschutzsysteme bestehen aus Grund-_____.

Die Gesamtschichtdicke soll mindestens _____ **μm betragen.**

4. Beschreiben Sie die **Aufgaben** eines

Rostschutzgrund-anstrichs	_____ _____
Rostschutzdeck-anstrichs	_____ _____

5. Nennen Sie **wichtige Rostschutzpigmente**.

_____

6. Beschreiben Sie folgende **Bindemittel für Korrosionsschutzanstriche**.

Alkydharze	_____ _____ _____
Epoxidharze	_____ _____ _____
Polyurethanharze	_____ _____ _____
Acrylharze	_____ _____ _____
Chlorkautschuk	_____ _____ _____
Bitumen	_____ _____ _____

Nichteisenmetalle

zu S. 173

1. Warum sind **Nichteisenmetalle** schwierige Untergründe?

_____

_____

2. Ergänzen Sie folgenden **Merksatz**.

> **Für die dauerhafte Beschichtung von Nichteisenmetallen sind** _____
>
> _____ **und** _____ _____ **erforderlich.**

3. Beschreiben Sie die **Reinigung einer Zinkoberfläche** vor einer Beschichtung.

Beschreibung der Netzmittelwäsche	Zusammensetzung des Reinigungsmittels
_____	_____
_____	_____
_____	_____
_____	_____
_____	_____
_____	_____

4. Benennen Sie geeignete **Beschichtungssysteme auf Zink** und verzinkten Bauteilen und vervollständigen Sie den Anstrichaufbau.

_____

_____

_____

_____

_____

Stahl

Anstrichaufbau

5. Welche **Haftgrundierungen** sind für Aluminium erforderlich?

_____

_____

6. Aus welchem Grund wird **Kupfer farblos** beschichtet (lackiert)?

_____

_____

Name	Datum	Klasse

Holzuntergründe

zu S. 176 und 177

1. Nennen Sie verschiedene **Holzuntergründe**.

_____

_____

2. Benennen Sie die **Teile des Stammquerschnittes** und der **Holzzellen**.

3. Benennen Sie die **Holzbestandteile**.

_____

_____

_____

4. Nennen Sie bekannte **Holzinhaltstoffe**.

_____

5. Nennen Sie je vier **inländische Laub- und Nadelhölzer**.

_____

_____

6. Ergänzen Sie folgenden **Merksatz**.

Laubhölzer können sowohl Weich- als auch _____ **sein.**

Nadelhölzer sind dagegen immer _____.

7. Was sind „**tropische Hölzer**" und welche Nachteile haben sie bei einer Beschichtung?

_____

_____

_____

_____

Name	Datum	Klasse

Holzfeuchtigkeit zu S. 177 und 178

1. Welche Auswirkungen hat die **Feuchtigkeit** auf das Holz?

_____

_____

_____

2. Beschreiben Sie folgende **Holzzustände**.

Quellen	_____
	_____
	_____
	_____
Schwinden	_____
	_____
	_____
	_____

3. Welcher Begriff bezeichnet das **Quellen und Schwinden** des Holzes?

_____

4. Warum und womit soll die **Feuchtigkeit** des Holzes gemessen werden?

_____

_____

5. Wie hoch darf bei den verschiedenen **Holzarten** die Holzfeuchtigkeit maximal sein?

Außenbeschichtungen	– _____
	– _____
	– _____
Innenbeschichtungen	– _____

6. Welche **Anstrichschäden** entstehen durch zu hohe Holzfeuchtigkeit?

_____

_____

Name	Datum	Klasse

Holzvorbehandlung zu S. 180 und 181

1. Warum sollte Holz durch **Anstriche** geschützt werden?

_____

_____

2. Welche Arbeitsschritte gehören zu einer **Holzvorbehandlung**?

• _____

  _____

• _____

  _____

3. Schreiben Sie zu den folgenden **Untergrundmängeln** die erforderliche Vorbehandlung.

Unebenheit, Poren, Risse, abstehende Holzfasern	– _____ – _____ – _____ – _____
Harzausfluss aus Harzgallen	– _____ – _____ – _____
Holzinhaltstoffe bei tropischen Hölzern	– _____ – _____
Scharfe Kanten und waagerechte Fensterprofile falsch richtig	– _____ – _____
Tragfähigkeit alter Anstriche	– _____ – _____

Beschichtungssysteme auf Holz zu S. 181 – 183

1. Nach welchen Gesichtspunkten werden die **Beschichtungssysteme auf Holz** ausgewählt?

_____

_____

2. Ergänzen Sie die **Übersicht der Anstrichsysteme**.

Beschich-tungssysteme	Deckend	Lasierend	Farblos
Merkmale	– _____ – _____	– _____ – _____	– _____ – _____
Vorteile	– _____ – _____ – _____	– _____ – _____	– _____ – _____ – _____
Nachteile	– Holzstruktur nicht sichtbar – aufwendige Renovierung	– nur teilweise UV-geschützt	– nicht UV-geschützt
Beschich-tungsstoffe	– _____	– _____	– _____

3. Welche Anstrichstoffe eignen sich für **Außenbeschichtungen** auf nicht maßhaltigem bzw. maßhaltigem Holz?

nicht maßhaltiges Holz (z. B. Verbretterungen)	_____
maßhaltiges Holz (z. B. Türen und Fenster)	_____

4. Benennen Sie die **Schichten eines deckenden Anstriches** auf Außenholz.

_____

70 © Bildungsverlag EINS *westermann*

Name	Datum	Klasse

Kunststoffuntergründe

zu S. 186 – 188

1. Nennen Sie **Kunststoffuntergründe**, die vom Maler und Lackierer beschichtet werden.

_____

_____

_____

2. Definieren Sie den Begriff „**Kunststoffe**".

_____

_____

_____

3. Nennen Sie verschiedene **Kunststoffeigenschaften**.

_____

_____

_____

4. Ergänzen Sie die **Einteilung und Arten der Kunststoffe**.

Struktur	Fadenstruktur	engmaschige Netzstruktur	weitmaschige Netzstruktur
Moleküle	nicht vernetzte Riesenmoleküle	stark vernetzte Riesenmoleküle	gering vernetzte Riesenmoleküle
Bezeichnung	_____	_____	_____
Verformbarkeit	warm verformbar	nicht verformbar	dauerelastisch
Beschichtung	_____	_____	_____
Eigenschaften	bei Erwärmung plastisch verformbar, bei Abkühlung wieder fest werdend, schmelz- und schweißbar	_____ _____ _____ _____ _____ _____	gummielastisch, nicht schmelz- und schweißbar, Elastizität weitgehend temperaturabhängig, quellbar

5. Nennen Sie Zugaben bei der **Kunststoffherstellung** und ihre Aufgaben.

_____

_____

Name		Datum	Klasse

Kunststoffarten

zu S. 188

1. Benennen Sie die **Kunststoffe** nach den genormten **Kurzzeichen** bzw. beschreiben Sie die **Einsatzgebiete** dieser Kunststoffe.

Kunststoffart (Handelsnamen)	Kurz-zeichen	Einsatzgebiete
Plastomere		
Hart-Polyvinylchlorid (Hostalit, Vestolit, u. a.)	PVC h (Hart-PVC)	
Weich-Polyvinyl-chlorid (Pegulan, u. a.)	PVC w (Weich-PVC)	
_____ (Styropor)	PS	Platten, Möbelbau, Küchengeräte, Formteile, geschäumt als Wärmedämmstoff (Styropor) und als Untertapeten (Thermopete)
_____	PE	Planen, Folien, Behälter, Rohre, Geländer, Ausstattungsstoffe
Polypropylen	PP	Geräte, Verpackungen, Gehäuse, Rohre, Zäune, Bauplatten
Polykarbonate	PC	
_____	PA	Chemiefaser (Nylon), Maschinenteile, Heizöltanks
Polymethyl-methacrylat (Acrylglas o. Plexiglas)	PMMA	
Duromere		
Phenol- und Melaminharze (Bakelit und Resopal)	PF/MF	
_____ (Vestopal)	UP	Gießharz, glasfaserverstärkte Wellplatten oder Boote, Sitzmöbel, Karosserien, Wohnwagen, Fensterbänke, Gewächshäuser, Polyesterspachtel, Beschichtungen
_____ (Desmodur)	PUR	Isolier- und Dekorationsschaum, Hartschaumplatten (Dämmplatten), Beschichtungen
Epoxide	EP	
Elastomere		
Polyurethanschaum (Moltopren)	PUR	
_____ (Silopren)	SI	Dichtungsmassen (Dichtstoffe)

Name	Datum	Klasse

Kunststoffbeschichtungen   zu S. 186 und 189

1. Warum sollten Kunststoffe durch **Anstriche** geschützt und verschönert werden?

_____

_____

_____

_____

2. Nennen Sie **Gründe** für eine …

Innenbe-schichtung	– _____
	– _____
	– _____
	– _____
	_____
Außenbe-schichtung	– _____
	– _____
	– _____
	– _____

3. Warum sind **Kunststoffe schwierige Anstrichuntergründe**?

_____

_____

_____

4. Welche weiteren **Mängel** weisen Kunststoffe oft vor ihrer Beschichtung auf?

● Formtrennmittel wie Silicone und Wachse

● _____

● _____

● _____

● _____

5. Ergänzen Sie folgenden **Merksatz**.

> **Vor dem Anstrich ist in jedem Fall eine gründliche** _____ **erforderlich.**

Name	Datum	Klasse

Kunststoffbeschichtungen II   zu S. 189 und 190

1. Welcher wichtige **Grundsatz** ist **bei Kunststoffbeschichtungen** zu beachten?

_____

_____

2. Warum sind für eine **Beschichtung von Kunststofffenstern und -türen** dunkle Farbtöne ungeeignet?

_____

_____

3. Ergänzen Sie die **Übersicht** über die Beschichtung von Kunststoffflächen.

Erstlackierung	Überholungsanstrich	Innenlackierung
Vorbehandlung		
Reinigung: durch Netzmittelwäsche und durch Abwaschen mit Ablauger. Nachwaschen mit klarem Wasser und Anschleifen mit Nylon- oder Perlonschleifvlies.		
Grundanstrich		
2K-DD-Grund oder 1K-Spezial-haftgrund für Kunststoffe	_____ _____ _____	Spezialhaftgrund für Kunst-stoffe
Zwischenanstrich		
_____ _____ _____	Spezial-Haftgrund bzw. Vorlackfarbe für Kunststoffe	_____ _____ _____
Schlussanstrich		
Kunstharzlackfarbe oder Acryldispersionslackfarbe	_____ _____ _____	Kunstharzlackfarbe hoch- bzw. seidenglänzend oder Acryl-dispersionslackfarbe

4. Markieren Sie diejenigen **Beschichtungsstoffe** mit einem +, die für die folgenden Kunststoffarten **geeignet** sind.

Kunststoffart	Beschichtungsstoffe/Bindemittelbasis				
	Alkydharz	Polymerisat-harzlack	Polyure-thanharz	2K-Epoxidharz	Dispersions-lackfarbe
Hart-PVC					
Polystyrol (PS)					
Polyamid (PA)					
Ungesättigter Polyester (UP)					
Epoxidharz (EP)					
Polyurethan (PUR)					
Acrylglas (PMMA)					
Duromere					

Name	Datum	Klasse

1. Nennen Sie die abgebildeten **Eigenschaften der Bindemittel**.

2. Welche **Bestandteile** bilden den Anstrichfilm?

3. Ordnen Sie die **Bindemittelarten** den entsprechenden **Beschichtungsstoffen** zu.

Silikatfarben	Kunststoffteilchen
Lacke	Harze
Dispersionsfarbe	Kaliwasserglas

4. Kreuzen Sie Zutreffendes an.

Dispersionsfarben

☐ trocknen chemisch.

☐ trocknen chemisch und bilden einen Film.

☐ trocknen physikalisch und bilden einen Film.

5. Beschreiben Sie, was während der **Trocknung** mit dem Lösemittel geschieht.

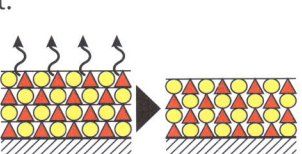

6. Zu welcher **Gefahrenklasse** gehört das Flammensymbol?

- ☐ A1
- ☐ A2
- ☐ A3
- ☐ B

7. Wie können schädliche **Lösemittel** in den Körper gelangen?

- _____
- _____
- _____

8. Ordnen Sie den Begriffen die **Bedeutung** zu.

Pigmente	lösliches Farbmittel
Farbstoffe	unlösliches Farbmittel

9. Beschreiben Sie die wichtigste **Aufgabe der Pigmente**.

_____

10. Nennen Sie die drei abgebildeten **Eigenschaften der Pigmente**.

11. Ordnen Sie richtig zu.

                Teerpigmente

Anorganische Pigmente   Mineralpigmente

Organische Pigmente   Tier- und Pflanzenpigmente

                Erdpigmente

12. Kreuzen Sie richtig an.

Ein Anstrichstoff mit einem hohen **Pigmentanteil** ist:

☐ lasierend

☐ deckend

☐ farblos

13. Welchen großen Vorteil haben **Dispersionssilikatfarben** gegenüber **Reinsilikatfarben**?

14. Ordnen Sie die Qualitätsstufen den Dispersionsfarben zu.

Innenfarben   wetterbeständig

                scheuerbeständig

Fassadenfarben   waschbeständig

15. Schreiben Sie die **Glanzgerade** nach **DIN EN 13300** in die Tabelle.

16. Welche Putzarten zeigen die abgebildeten **Putzstrukturen**?

Name	Datum	Klasse

17. Warum bekommen Dispersionslacke den **Blauen Umweltengel**? Kreuzen Sie die richtigen Aussagen an.

☐ Weil sie unter 10 % organische Lösemittel enthalten.

☐ Weil sie wasserverdünnbar sind.

☐ Weil sie stark lösemittelreduziert sind.

18. Nennen Sie drei besondere **Eigenschaften von Lacken**.

_____

19. Ordnen Sie richtig zu.

          Lacke   ohne Pigmente

        Klarlacke   mit oder ohne Pigmente

20. Wie trocknen folgende **Lackarten**?

Lackarten	ölhaltige Lacke	ölfreie Lacke	Kunstharz- und Kunst-stofflacke
Beispiele	Öllack	Nitrozelluloselack	Epoxidharzlack
Trocknung	_____	_____	_____

21. Welche **Bautenlacke** (Malerlacke) werden unterschieden?

_____

22. Kreuzen Sie richtig an.

Alkydharzlacke trocknen bzw. erhärten

☐ **physikalisch** durch Verdunsten der Lösemittel.

☐ **oxidativ** durch Sauerstoffaufnahme.

☐ **chemisch** durch Reaktion der Bestandteile.

23. Was zeichnet **High-Solid-Lacke** gegenüber herkömmlichen Alkydharzlacken aus?

_____

24. Was versteht man unter **Blockfestigkeit**?

_____

Name		Datum	Klasse

25. Aus welchen **Komponenten** werden **2K-Lacke** zusammengemischt?

_____ + _____

Zweikomponentenlacke

26. Ordnen Sie richtig zu.

Dispersionslacke	lösemittelverdünnbar
Pulverlacke	keine Löse- und Verdünnungsmittel
Alkydharzlacke	wasserverdünnbar

27. Nennen Sie **wasserverdünnbare Grundanstrichstoffe**.

_____

_____

28. Ordnen Sie den **Anstrichschichten** ihre **Aufgaben** zu.

Haftung

Grundanstrich   Schutzwirkung

Korrosionsschutz

Schlussanstrich   Verschönerung

Absperren/Festigen

29. Schreiben Sie zu folgenden Fachbegriffen die **Bedeutung**.

Fungizide (P)	
Insektizide (Iv, Ib)	
Biozide	

30. Ordnen Sie den **Lasurenarten** ihre **Aufgaben** zu.

Holzlasuren   Holz- und Wetterschutz

Holzschutzlasuren   Holzveredlung

31. Ordnen Sie richtig zu.

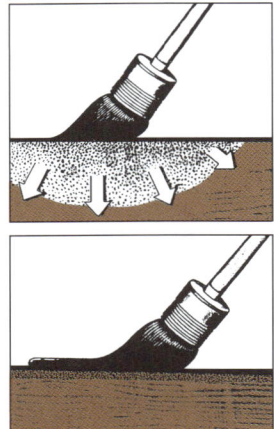

offenporige Holzlasur

für maßhaltige Holzbauteile

Lacklasuren

schichtbildende Holzlasur

Imprägnierlasur

für nicht maßhaltige Holzbauteile

32. Ergänzen Sie folgenden **Merksatz**.

Holzlasuren können die schädlichen _____ **abschirmen**

und das Holz vor _____ **schützen.**

33. Kreuzen Sie richtig an.

Brandschutzmittel sollen ...

☐ Holzbaustoffe schwerentflammbar machen.

☐ Brände verhindern und die Feuerwehr ersetzen.

☐ die Feuerwiderstandsdauer von Stahl erhöhen.

34. Welche Arten von **Dichtstoffen** werden unterschieden?

_____

35. Ordnen Sie die sechs **Spachtelwerkstoffe** den drei Hauptgruppen zu.

Wässrige Spachtelmassen	Gipsspachtel
	Ölspachtel
	Dispersionsspachtel
1K-Spachtel	Polyesterspachtel
	Alkydharzspachtel
2K-Spachtel	Epoxidharzspachtel

Name	Datum	Klasse

36. Welche Verwendung haben **Löse- und Entfettungsmittel**?

_____

_____

37. Wie muss sich der Maler bei der **Verarbeitung von Abbeizfluid** schützen?

_____

_____

_____

38. Ordnen Sie den **Kleisterarten** die **Einsatzgebiete** zu.

       Normalkleister   für Raufasertapeten

       Spezialkleister   für Gewebetapeten

  Textiltapetenkleister   für Papiertapeten

39. Benennen Sie die vier Bestandteile des **Schleifpapieraufbaus**.

40. Ergänzen Sie folgenden **Merksatz**.

Je _____ die Zahl auf dem Schleifpapier, desto _____ ist

die Körnung und damit auch der Schliff.

41. Ordnen Sie die **Schleifvliessorten** den **Kornarten** zu.

      Typ A rot/braun   **Korund** (Aluminiumoxid)

        Typ S grau   **Siliziumcarbid**

42. Kreuzen Sie richtig an.

    Zu den zu behandelnden **Wandbekleidungen** gehören:

    ☐ Tapeten

    ☐ Raufasertapeten

    ☐ Glasfasergewebe

    ☐ Wandteppiche

43. Nennen Sie die acht **Tapetengruppen** nach der **Euro-Norm**.

    _____

    _____

44. Ordnen Sie die **Tapetensorten** den drei **Hauptgruppen** zu.

	Naturelltapeten
Papiertapeten	Kettfadentapeten
	Korktapeten
Textiltapeten	Fondtapeten
	Gewebetapeten
Naturwerkstoff-	Grastapeten
tapeten	Prägetapeten
	Echtholztapeten

45. Welche fünf Informationen gibt die **Anfertigungskennzeichnung** auf dem Beilegezettel der Tapetenrolle?

    • _____

    • _____

    • _____

    • _____

    • _____

    36AB | W.GERMA-NY MARBURG

    ≋ →|← **58** ↑

46. Welche **Bedeutung** haben die abgebildeten **Tapetensymbole**?

47. Die **Untergründe** sind nach dem folgenden Schema eingeteilt.

    Setzen Sie die vorgegebenen Begriffe richtig ein.
    Metalle, **organische**, **anorganische**, **Kunststoffe**, Natursteine, Eisen, Vollholz, PVC, Beton, Putz, Aluminium, Spanplatten, Plexiglas, Stahl, Hartfaserplatten, Styropor

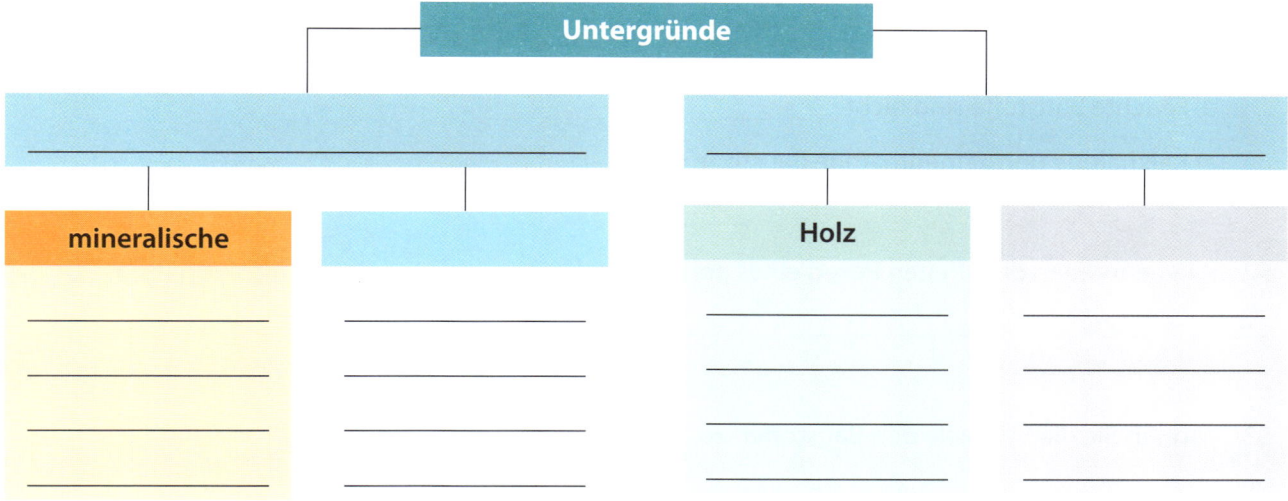

48. Welche der aufgeführten Stoffe gehören zu den **anorganisch-mineralischen Untergründen**?

    ☐ Putz   ☐ Beton

    ☐ Eisen   ☐ Kalksandstein

    ☐ Kunststoff   ☐ Holz

49. Ordnen Sie die **Anstrichuntergründe** richtig zu.

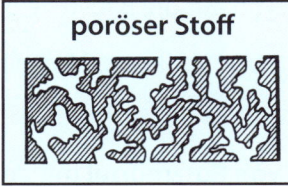

poröser Stoff

dichter Stoff

Verputzte Fassade

Stahltür

Holzverbretterung

Betonmauer

Kunststoffdachrinne

Gipskartonplatte

50. Welche **Eigenschaften** sollten **Grundanstrichstoffe** besitzen?

    a) für poröse Untergründe: _____

    _____

    b) für dichte Untergründe: _____

    _____

51. Setzen Sie die vorgegebenen **Eigenschaften der Baustoffe** sinnvoll in die Merksätze ein.

Saugvermögen, härter, poröser, alkalisch, frostbeständig

a) Je _____ ein Baustoff, umso heller klingt er.

b) Je _____ ein Baustoff, desto besser ist seine Wärmedämmfähigkeit.

c) Je poröser ein Baustoff, umso größer ist sein _____.

d) Feuchte Baustoffe sind nicht _____.

e) Kalkhaltige und zementhaltige Baustoffe sind _____.

52. Wie nennt man die offenen **Poren** eines porösen Stoffes?

_____

53. Ordnen Sie die Beispiele den Baustoffen zu.

Gebrannte Baustoffe

Gebundene Baustoffe

Mauerziegel
Kalksandsteine
Gasbetonsteine
Hohlblockziegel
Betonsteine

54. Kreuzen Sie die richtigen Aussagen über **Mörtel und Putze** an.

☐ Mauermörtel ist für mineralische Putze innen und außen.

☐ Trockenmörtel wird trocken vorgemischt zur Baustelle geliefert.

☐ Fertigmörtel wird verarbeitungsfertig auf die Baustelle geliefert.

☐ Putze sind auf Wände aufgebrachte, getrocknete Mörtelbeläge.

55. Ergänzen Sie das Schema über die **Zusammensetzung von Putzmörtel** mit den vorgegebenen Begriffen.

feiner oder grober Sand, Bindemittel, Anmachwasser, Kalk-, Zement- und Gipsmörtel

_____	⇨	Kalk, Zement, Gips
+		
Zuschlagstoffe	⇨	_____
+		
_____	⇨	sauberes Wasser
=		
Putzmörtel	➡	_____

Name	Datum	Klasse

56. Ordnen Sie den **Mörtelgruppen** die Mörtelarten (Bindemittelarten) zu.

P I	Zementmörtel
P II	Kalkmörtel
P III	Gipsmörtel
P IV	Kalkzementmörtel

57. Schreiben Sie zu den Abbildungen die **Aufgaben der Putze**.

58. Ordnen Sie den **Rissarten** die artgleichen Risse zu.

Risse der Putzoberfläche	Stoß-, Fugen- und Mauerwerksrisse
Risse vom Putzträger aus	statische Risse, Einzel- und Setzrisse
Baudynamische Risse	Haar und Netzrisse

59. Ordnen Sie die **Arbeitsschritte einer Kunststoffgewebearmierung** von 1 bis 8, indem Sie die Ziffern in die Kästchen schreiben.

	Risse ausfüllen		Grundierung aufstreichen
	Risse keilförmig öffnen		mit verdünntem Spachtel überstreichen
	Untergrund reinigen		Spachtel auftragen und Gewebe einlegen
	statische Risse mit Streifen vorarmieren		nach Durchtrocknung Schlussbeschichtung

60. Kreuzen Sie **mögliche Voranstrichstoffe** (Grundierungen) **auf Putzflächen** an.

☐ Dispersionsgrund

☐ Bläuegrund

☐ Tiefgrund lösemittelhaltig

☐ Fluate

☐ Haftprimer

☐ Silikatgrund

61. Schreiben Sie die **Bestandteile einer Betonmischung** in die Tabelle.

Zusammensetzung der Betonmischung			
_____	_____	_____	_____
Zement	Kies, Splitt, Schotter, u. a.	sauberes Wasser	Dichtungsmittel, Erstarrungs- beschleuniger u. a.

62. Beschreiben Sie die **Betonarten**, je nach der **Dichte der Zuschlagstoffe**.

_____

_____

_____

_____

63. Beschreiben Sie folgende **Betoneigenschaften**.

Eigenschaften	Beschreibung
Druck- und Zugfestigkeit	_____
Alkalität	_____

Name	Datum	Klasse

64. Ordnen Sie den **Betonschäden** ihre Ursachen zu.

Kiesnester (Lunker)	Schmutz und Feuchtigkeit
Risse	Öl auf Schaltafeln
Betonabsprengungen	zunehmende Neutralisation
Moos und Algen	mangelnde Einbettung der Zuschlagstoffe
Trennmittelrückstände	Qualitätsunterschied des Betons

65. Nummerieren Sie die fortschreitende **Betonzerstörung nach den Schadenstufen** von 1 bis 5.

	Durch Rosten ist die Stahlbewehrung weitgehend zerstört.
	Die Neutralisation hat die Stahlbewehrung erreicht, die Rostung beginnt.
	Durch die Volumenvergrößerung des Rostes wird die überdeckende Betonschicht abgesprengt.
	Kohlendioxid (CO_2) aus der Luft dringt in den Beton ein.
	Der Abbau der Alkalität ist in die Tiefe fortgeschritten.

66. Ergänzen Sie die folgenden **Merksätze**.

Alkalischer Beton schützt den Stahl vor dem _____.

CO_2 und SO_2 verbinden sich mit _____ zu Säuren (saurer Regen).

Säuren _____ den Beton (Karbonatisierung).

Das führt zur _____ des Stahls (**Betonabsprengungen**).

67. Beschreiben Sie die hier dargestellten **Arbeitsschritte der Betoninstandsetzung**.

68. Durch welche **Beschichtungssysteme** kann Beton langfristig vor Alkalitätsverlust geschützt werden?

_____

_____

69. Ordnen Sie die **Aufgaben** den Beschichtungen zu.

Farblose Anstriche	erhalten die Betonstruktur und schützen
Lasierende Anstriche	geben Farben und schützen
Deckende Anstriche	Imprägnierung, Sichtbetonwirkung

70. Kreuzen Sie die Bedeutung des Begriffes „**hydrophob**" an.

☐ wasserfest

☐ wasserabweisend

☐ feuchtigkeitsregulierend

71. Schreiben Sie sechs **Wärmedämmstoffe** auf.

_____

_____

72. Ergänzen Sie folgende **Merksätze**.

Stoffe mit vielen Hohlräumen sind _____ Wärmeleiter aber gute _____

_____ . Je _____ ein Stoff, desto besser ist die Wärmedämmung.

73. Kreuzen Sie die **Vorteile der Außendämmung** an.

☐ dämmt das gesamte Gebäude

☐ der Taupunkt (0 °C) liegt in der Wand

☐ die Wände werden aufgeheizt und wirken als Wärmespeicher

☐ langsames Aufheizen und Auskühlen

☐ schnelles Aufwärmen und Abkühlen der Räume

☐ gesundes Wohnklima durch trockene Wände

Name	Datum	Klasse

74. Ordnen Sie den beiden **Wärmedämmsystemen** ihre Eigenschaften zu.

vollmineralisch und nicht brennbar

Organische Systeme   nicht lösemittelbeständig

hitzeempfindlich und verformbar

Anorganische Systeme   nicht hitzeempfindlich

gut atmungsaktiv (diffusionsfähig)

75. Beschreiben Sie die beiden **Befestigungsarten** anhand der Zeichnungen.

76. Erklären Sie das **Anbringen der Dämmplatten im Verbund**.

_____

_____

77. Benennen Sie die **Schichten eines Wärmedämmverbundsystems**.

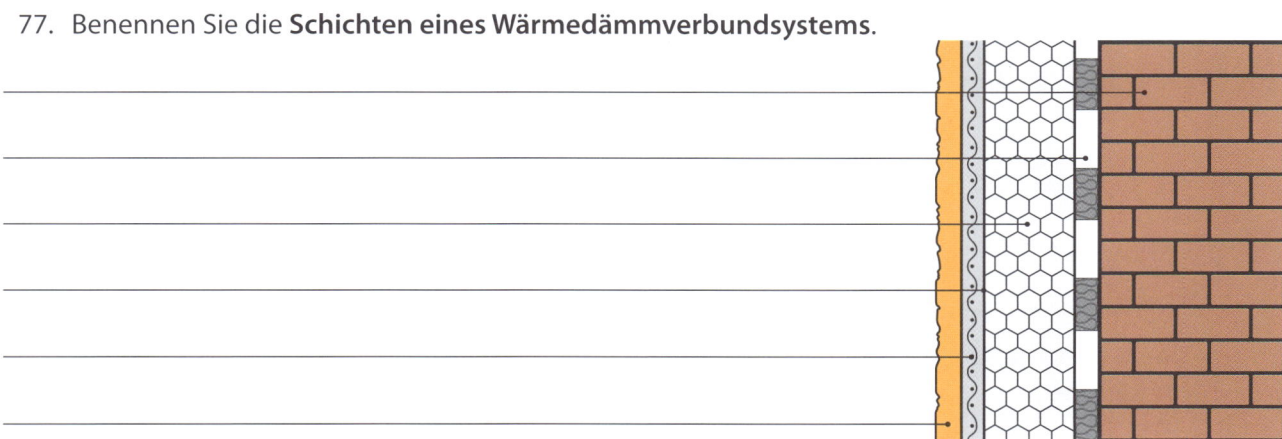

78. Nennen Sie die **Vorteile von Gipskartonplatten** (Trockenputz).

_____

_____

79. Ordnen Sie die **Gipsplattenarten** den Beschreibungen zu.

Gipsplatte A (GKB)	imprägnierte und grün gefärbte Platten
Gipsplatte H (GKBI)	Feuerschutzplatten glasfaserverstärkt
Gipsplatte F (GFK)	großformatige Standardplatten

80. Benennen Sie die abgebildeten **Gipskartonkanten**.

	_____
	_____
	_____
	_____

81. Kreuzen Sie die **richtigen Aussagen über die Verarbeitung** der Gipskartonplatten an.

☐ Sie werden mit Cuttermesser oder Säge zugeschnitten.

☐ Sie werden mit Ansetzbinder auf sauberes Mauerwerk geklebt.

☐ Ansetzfugen und Schraubstellen werden nicht weiter bearbeitet.

☐ Gespachtelte Ansetzfugen müssen glatt geschliffen werden.

☐ Eine Vorbehandlung mit Tiefgrund bringt gleichmäßiges Saugen.

☐ Ein unterschiedlich saugender Untergrund ist erwünscht.

82. Welche **Beschichtungsstoffe** sind auf Gipskartonplatten nicht geeignet?

_____

83. a) Nennen Sie vier verschiedene Metalluntergründe.

_____

b) Unterscheiden Sie und schreiben Sie ein „L" für **Leichtmetalle** und ein „S" für **Schwermetalle** in die Kästchen!

☐ Magnesium   ☐ Blei

☐ Aluminium   ☐ Stahl

☐ Kupfer   ☐ Titan

☐ Eisen   ☐ Zink

84. Schreiben Sie den **Unterschied** zwischen **Eisen- und Nichteisenmetallen** in die Tabelle.

Eisenmetalle z. B. Eisen, Stahl, Gusseisen	
Nichteisenmetalle z. B. Aluminium, Blei, Kupfer, Zink, Zinn	

85. Benennen und beschreiben Sie die **vier Korrosionsarten** nach den Abbildungen.

Korrosionsarten	Beschreibung
Fe Cu	
Anstrich Stahl Rost	

86. Beschreiben Sie die **Korrosion** von Eisenmetallen.

87. a) Welches ist **das wirkungsvollste Entrostungsverfahren**?

      ☐ Handverfahren

      ☐ Strahlentrostung

      ☐ Maschinenentrostung

   b) Das Ergebnis ist ein porentiefes Entfernen von Rost und Altanstrichen.

     Dieser **Entrostungsgrad** Nr. 3 wird _____ genannt.

88. a) Nennen Sie die Schichten der beiden **Korrosionsschutz-Beschichtungssysteme**.

herkömmlicher Anstrich	Aufgaben	Dickschichtanstrich
	Schutz vor Umwelt-einwirkungen	
	Schutz des Untergrundes	
Stahluntergrund		Stahluntergrund

   b) Ein kompletter Korrosionsschutzanstrich muss _____ µm stark sein.

89. a) Beschreiben Sie die **Vorarbeiten** für die Beschichtung von Zink und verzinkten Bauteilen.

Beschreibung der Netzmittelwäsche	Zusammensetzung des Reinigungsmittels

   b) Nennen Sie **geeignete Beschichtungssysteme** für Zinkuntergründe.

_____

_____

90. Nennen Sie **sechs verschiedene Holzuntergründe**.

_____

_____

Name	Datum	Klasse

91. Wie heißen die abgebildeten **Holzarten**?

92. a) Nennen Sie **vier einheimische Holzarten**.

   _____

   _____

   b) Unterscheiden Sie und schreiben Sie ein „**L**" für **Laubbäume** und ein „**N**" **Nadelbäume** in die Kästchen.

   ☐ Pappel   ☐ Erle

   ☐ Kiefer   ☐ Lärche

   ☐ Nussbaum   ☐ Esche

   ☐ Linde   ☐ Limba

93. Ergänzen Sie dieses **Aufbauschema eines Baumstammes**.

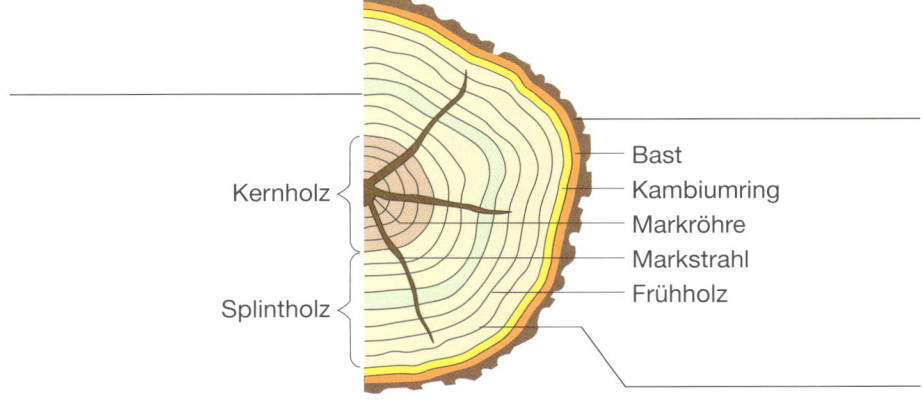

94. Benennen Sie die **Holzbestandteile** oder ihre Aufgaben.

   a) _____ bildet das Holzgefüge.

   b) **Lignin** _____.

   c) _____ beeinflussen die Holzeigenschaften.

95. a) Beschreiben Sie folgende **Holzzustände**.

Quellen	
Schwinden	

b) Wie bezeichnet man das **Quellen und Schwinden** des Holzes?

_____

96. Tragen Sie die zulässige **Holzfeuchtigkeit** in Prozent in die Tabelle ein.

Außenbeschichtungen	Nadelholz bis maximal	%
	Laubholz bis maximal	%
	Tropenholz bis maximal	%
Innenbeschichtungen	Alle Holzarten bis maximal	%

97. a) Wie heißt das abgebildete **Feuchtigkeitsmessgerät**?

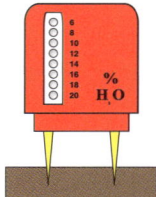

☐ Thermometer

☐ Hydrometer

☐ Viskosimeter

b) Welche Auswirkungen hat zu hohe Holzfeuchtigkeit?

_____

98. a) Ordnen Sie die Holzschädlinge ihren Arten zu.

                              Hausschwamm

            Insekten   Holzwespe

                              Hausbock

            Pilze   Kellerschwamm

                              Splintholzkäfer

b) Welche Auswirkungen hat der **Bläuepilz** auf das Holz?

Name	Datum	Klasse

99. Erklären Sie die **Herstellung von Holzwerkstoffen**.

_____

_____

_____

100. Ordnen Sie den beiden Begriffen ihre Beschreibungen zu.

Massivholz

Holzwerkstoffe

Platten aus Holzspänen, Holzfasern oder zusammengeleimten Furnieren

Vollholz wie Bretter, Balken, Latten Fenster, Türen und Möbel

101. Kreuzen Sie **Untergrundmängel** bei den Holzbauteilen an.

☐ Unebenheiten, Poren und Risse

☐ Harzausfluss aus Harzgallen

☐ trockenes, rohes Nadelholz

☐ lose Eckverbindungen bei alten Fenstern

☐ lose Äste und Dübelstellen

102. Schreiben Sie die **Vor- und Nachteile** der drei Beschichtungssysteme in die Tabelle.

Anstrich	Vorteile	Nachteile
Deckend		
Lasierend		
Farblos		

103. Ordnen Sie die beiden **Begriffe** ihrer Erklärung zu.

offenporiger Anstrich

Anstrichstoff bildet eine lackähnliche Schicht, also einen Anstrichfilm.

filmbildender Anstrich

Es kommt nicht zur Filmbildung, weil der Anstrichstoff in die Poren eindringt.

104. Schreiben Sie die **Anstrichschichten** einer Innenlackierung auf Holz auf.

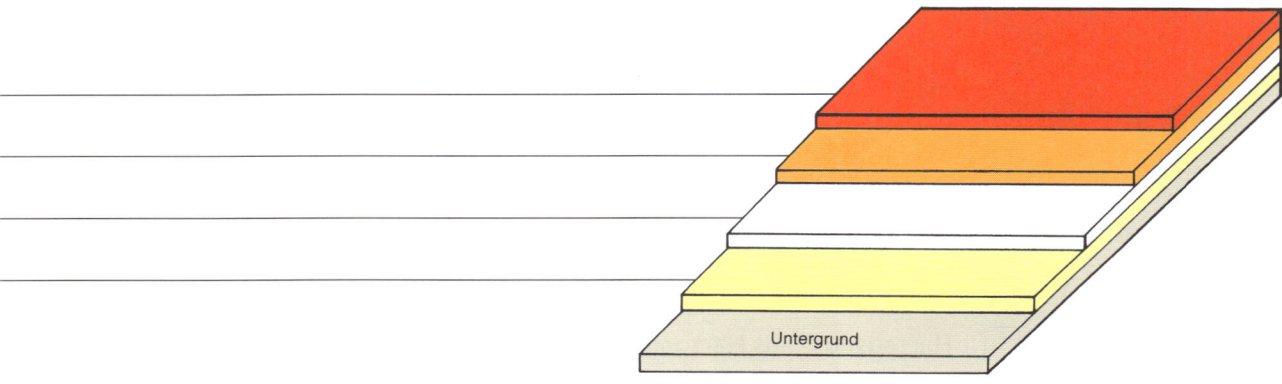

Untergrund

_____

_____

_____

_____

105. Nennen Sie **Kunststoffuntergründe** am Bau, die Maler beschichten.

_____

_____

106. Ergänzen Sie die **Tabelle über die Kunststoffarten**.

Arten			
Bezeichnung			
Eigenschaften		hart und spröde, nicht verformbar, nicht schmelz- und schweiß- bar, temperaturbestän- dig	

Name	Datum	Klasse

107. Ordnen Sie den Kunststoffnamen ihre Abkürzung zu.

Polyester	**PS**
Polyurethan	**EP**
Polystyrol	**UP**
Epoxidharz	**PVC**
Polyvinylchlorid	**PUR**

108. Schreiben Sie einige **Kunststoffe** auf, die **nicht überstreichbar** sind.

_____

_____

109. Kreuzen Sie typische **Mängel bei Kunststoffen** an.

- [ ] versprödete Oberfläche
- [ ] Weichmacherwanderung an die Oberfläche
- [ ] Vertiefungen und Lunkerstellen
- [ ] offene Poren und Kapillare
- [ ] Formtrennmittel wie Silicone und Wachse

110. Welche **Vorarbeit** ist vor einer Kunststoffbeschichtung sehr wichtig?

_____

_____

111. Ordnen Sie den **Anstrichschichten** die **Anstrichstoffe** zu.

Grundanstrich	Kunstharz- oder Dispersionslack
Zwischenanstrich	Spezialgrund oder -vorlack
Schlussanstrich	1- oder 2K-Spezialhaftgrund

Bildquellenverzeichnis

Compagnie de Saint-Gobain, Zweigniederlassung Deutschland, Aachen: S. 25, 77
DAW SE, Ober-Ramstadt: S: 87
fotolia.com (bilderzwerg): 21 (unten), 33
fotolia.com (wladi): S.15, 21 (oben), 22, 39 (unten), 57 (oben), 76 (oben), 81 (oben)
Gütegemeinschaft Holzschutzmittel e. V., Seligenstadt: S. 39 (Mitte 1. und 2.)
Gütegemeinschaft Tapete e. V.: S. 49
RAL gGmbH, Sankt Augustin: S. 26, 34, 39 (Mitte rechts)
Sika Deutschland GmbH, Stuttgart: S. 59

Cover: Fotolia.com (refresh(PIX))